구성주의유아교육학회 생각과 나눔 시리즈 01

구성주의 유아교육 새롭게 보기 1:

구성주의 교육이론의 이해와 실천

류미향

창지사

머리말

구성주의 이론은 최근 30여 년 동안 유아교육을 비롯한 교육 분야 전반에서 세계적으로 많은 관심을 받아 왔다. 우리나라에서는 1990년대부터 구성주의 이론에 대한 관심이 시작되어 구성주의 심리학, 철학, 교육 등 다양한 분야의 구성주의 이론에 대한 고찰이 이루어지기 시작하였다. 특히 1997년 7차 교육과정에서 학습자 중심 교육이 강조되면서 구성주의 교육에 대한 관심이 본격화되어 구성주의 이론의 교육에의 시사점을 제안하는 많은 저서와 논문이 출간되었고, 강연들이 발표되기 시작하였다. 2000년대 이후부터는 구성주의 이론을 Kant, Dewey, Nietzsche 등 학자들의 이론과 비교 분석하거나 다문화주의 교육이나 포스트모더니즘에 입각한 교육과 함께 논의하는 등 비판적인 시각으로 구성주의 이론 혹은 교육 이론을 재방문하여 우리나라의 교육 상황에 보다 적절한 구성주의 교육을 찾으려는 시도도 이루어지고 있다. 한편, 유아교육 분야에서는 Piaget와 Vygotsky 이론의 특성 고찰과 이러한 이론들의 유아교육에의 함의점을 제시하거나 교수법적으로 적용하려는 노력이 주로 이루어져 왔다. 특히 이 중에서도 Piaget와 Vygotsky 이론을 중심으로 한 교수방법은 교과영역 중 과학과 수학 교육과 관련하여 활발하게 연구되어 왔다. 이후 유아교사 양성교육에서도 구성주의 교수법을 적극적으로 활용하고 있으며 유아교육 분야에서는 구성주의 이론을 교육의 실천에 적용하려는 시도들이 활발하게 이루어져 왔다고 볼 수 있다.

이렇듯 유아교육 분야에서 구성주의 이론은 주로 실천적 활용에 초점이 맞추어져 연구가 이루어지다 보니 구성주의 이론에 따라 제안된 교수법의 구체적인 원리들이 마치 반드시 따라야 할 구성주의 교육 프로그램이나 모형의 절차로 오해받는 경우도 발생할 수 있다. 또한, 구성주의 이론에 대한 정확한 이해 없이 구성주의 교수방법의 형식적인 절차만 따르는 경우도 생겨날 수 있다. 어떠한 좋은 교육도 실천하는 맥락에 따라 구체적인 실천의 방법은 달라질 필요가 있다. 단, 기본적인 철학과 이론에 대한 이해를 바탕으로 실천할 맥락에 맞도록 지향해야 할 방향을 만들어 가려는 노력이 필요하다. 따라서 본 저서에서는 전반적인 구성주의 이론에 대한 이해를 통해 구성주의 교육의 실천을 위한 기초 이론을 제공하고자 하였다.

이 책은 구성주의 유아교육학회의 「생각과 나눔」 시리즈의 하나로 「2019 개정 누리과정」 도입 이후 유아 · 놀이중심 교육과정이 화두인 유아교육 현장에서 구성주의 교육을 실천하기 위해 생각해 봐야 할 점들을 제안하고자 하였다. 이를 위해 '구성주의 유아교육을 새롭게 보기'를 시리즈의 방향으로 정하고, 첫 권인 이 책에서는 구성주의 교육의 이해와 실천을 위해 고려할 점을 다루고, 다음 책에서는 구성주의 교육원리인 '흥미와 실험·협동하기'를 현장에 적용하는 과정과 사례를 제시하여 이론적 이해와 실천이 연계될 수 있도록 하였다.

이 책의 주요 내용을 소개하자면 총 네 개의 주제로 구성되었다. 그중 첫 번째인 〈구성주의 이론 이해하기〉에서는 개인적, 급진적, 사회적 구성주의 이론의 특성을 살펴보고 존재론적 신념, 인식론적 신념, 지식에 대한 이해 및 구성된 지식에 대한 준거 등을 세 가지 이론에서 어떻게 제시하는지 비교하여 보여줌으로써 구성주의 이론의 다양한 스펙트럼을 제시하고자 하였다. 두 번째 주제인 〈구성주의 교육 이해하기〉에서는 객관주의와 비교해 구성주의를 설명함으로써 구성주의 교육의 가장 중요한 근간이 되는 특성을 제시하고, 이를 바탕으로 구성주의 교육의 교수·학습 특성과 원리를 설명하고자 하였다. 세 번째 주제인 〈구성주의 유아교육 실천을 위해 고려하기〉에서는 구성주의에 대한 새로운 이해의 필요성을 제안하며, 구성주의 교육 실천을 위한 교사의 역할이 무엇이며, 유아 교실에서 '흥미', '실험', '협동'의 원리가 어떠한 의미인지를 정리하고 이러한 원리를 통해 구성주의 교육을 어떻게 실천할 수 있는지 제안하였다. 마지막 주제인 〈유아 · 놀이중심 교육에서 구성주의 유아교육 실천하기〉에서는 유아의 놀이에서 유의미한 배움을 지원하는 구성주의 교육의 특성을 살펴보고, 실천을 위한 함의를 제시하였다.

구성주의 교육은 인식론의 하나인 구성주의 이론에 기초해 인간이 어떻게 알게 되는지의 과정을 보여주는 것이므로, 이에 근거해 교육은 어떻게 이루어지는 것이 좋은지, 교수와 학습이 어떻게 실천되어야 하는지에 대한 하나의 철학적인 토대 역할을 할 뿐이다. 구성주의 교육의 실천은 정해진 매뉴얼에 따르는 교육이 아니라 교실 차원에서 교사가 학습자와 함께 주체적으로 만들어 가는 교육의 과정이다. 따라서 진정한 구성주의 교육은 구성주의 이론에 대한 이해를 바탕으로 자신에게 적합한 구성주의 이론의 특성을 교육에 녹여낼 수 있어야 할 것이다. 그리고 교사 스스로 구성주의 교육 실천에 '흥미'를 가지고, 유아들과 함께 다양한 방식으로 교육 실천을 '실험'해 보고, 동료 교사들과 학급의 유아들과 함께 '협동'하면서 만들어 가는 과정에서 발현될 수 있을 것이다. 본 시리즈가 구성주의 교육에 관심이 있는 현장의 교사와 연구자, 예비교사에게 도움이 되기를 바란다.

'2022년 봄을 맞아 저자'

차례

구성주의 유아교육 새롭게 보기 1:

구성주의 교육이론의 이해와 실천

I 구성주의 이론 이해하기

1. 구성주의의 등장
2. 다양한 구성주의와 특성

1
구성주의의 등장

16세기에서 18세기까지 유럽 전역에서 일어난 계몽주의는 교회의 절대적 권위와 이로 인한 인간의 정신에 있어 신성의 지배적 영향으로부터 인간을 해방시키는 혁신적 사상으로 마치 빛과 같은 역할을 하였다. 이후 근대 사회에서는 미신과 무지로부터 인간을 해방시키고 인간 본유의 합리적 사고와 이성의 계몽을 통한 인간 생활의 진보와 개선을 꿈꾸게 되었다. 그러나 이성과 합리적 권위에 의해 인간 삶이 강제되는 근대사회에서 전통적 권위는 합리적 법적 권위로 대체되었을 뿐 도구적 합리성이 강조되면서 결국 인간은 객체화되고 합리적 보편성을 지닌 존재로 이해되었다. 이러한 근대성이 낳은 문제점에 대해 19세기 후반부터 관심이 시작되었고 20세기로 들어 포스트모더니즘이라는 이름 아래 근대성이 해체되는데, 구성주의는 이러한 경향 중의 하나로 나타났다(이종원, 1998).

구성주의는 근대적 지식관인 표상주의를 거부하고 지식의 맥락적 구성을 강조한다. 즉, 구성주의는 진리란 인식 주체의 외부에 이미 존재하고 있는 것이 아니라 환경과의 능동적인 상호작용을 통해 인식 주체에 구성된다는 점을 강조한 인식론적 이론으로 지식에 관한 새로운 관점을 제시한 이론으로 평가할 수 있다. 즉, 구성주의에서 앎(knowing)이나 지식(knowledge)은 개인과 별도로 이미 존재한다는 객관론적 인식론의 입장과는 다르며, 개인이 환경과 상호작용하는 방식에 따라 달라질 수 있다는 상대론적 인식론 혹은 주관주의적 인식론의 입장을 취한다. 구성주의의 시작은 일반적으로 피아제나 비고츠키부터 시작된 것으로 알고 있지만, 피아제의 발생론적 인식론에 영향을 받은 급진적 구성주의의 선구자, 폰 글라저스펠트(von Glasersfeld, 1995)는 18세기 초반 이탈리아 철학자 비코(Vico)를 최초의 구성주의 이론가로 평가한다. 이후 20세기에 들어서면서 구성주의는 철학과 심리학 분야에서 복합적인 근원을 형성하게 되었다(조영남, 1998). 예를 들어 비트겐슈타인(Wittgenstein), 화이트헤드(Whitehead), 듀이(Dewey), 쿤(Kuhn), 로티(Rorty) 등의 철학자들이 구성주의 관점을 지향한 것으로 알려져 있다(Duffy & Cunningham, 1997).

구성주의는 무엇을 강조하는지에 따라 인지적 구성주의, 물리적 구성주의, 진화적 구성주의, 포스트모던 구성주의, 심리적 구성주의 등 다양한 이름으로 불리고 있다. 또한, 구성주의는 다양한 분야에서 활용되면서 연구 패러다임으로서의 구성주의(해석적 연구 패러다임), 과학에 대한 사회학에서의 구성주의(constructivism in the sociology of science), 교육학적(혹은 심리학적) 구성주의 등이 나타났다. 구성주의 교육과 관련한 논의에서 역시 구성주의에 대한 다양한 관점에 근거하여 교육의 원리, 학습자와 교사의 역할에 대한 이해, 교수학습 방법에 대한 설명을 하고 있다.

구성주의에 대한 다양한 관점을 이해하기 위해서는 필립스(1995)가 제안한 '다차원적 체제(multidimensional framework for characterizing and comparing constructivist viewpoints)'에 따라 구분하여 이해하는 것이 도움이 될 수 있다(Derry, 1996: 164). 구성주의 관점의 특성을 비교하는 다차원적 체제는 지식에 대한 가정과 관련한 다음의 세 가지 차원에 따라 구분된다(Philips, 1995: 7-10).

- 구성된 지식을 개인적 심리(individual psychology) 혹은 공공의 영역(public discipline)으로 보는 차원
- 구성된 지식의 성격과 관련하여 지식을 인간에 의해 창조(humans the creators)되는 것으로 혹은 자연에 의해 안내(nature the instructor)되는 것으로 보는 차원
- 능동적인 지식 구성을 개인의 인지(individual cognition) 혹은 사회정치적 과정(social and political processes)으로 보는 차원

구체적으로 세 가지 영역에 대해 살펴보면, 먼저 첫 번째 영역은 구성되는 지식이 개인적 심리(개별 학습자의 지식 구성)의 영역인가 아니면 공공의 영역인가와 관련된 문제를 다룬다. 즉, 지식의 구성에서 개인적 차원에 관심을 가지느냐 혹은 일반적인 인간 지식 구성 자체에 관심을 가지느냐와 관련이 되어 있다. 피아제와 비고츠키 같은 학자들은 개인의 지식 구성이 어떻게 이루어지는지에 관심을 가진 반면 페미니스트 인식론자를 포함한 또 다른 부류의 학자들은 개별 인식자의 지식 구성 문제보다는 일반적으로 인간의 지식 구성이 어떻게 이루어지는지와 관련된 문제에 관심을 가졌다. 그러나 이러한 상반된 관점을 모두 취하는 학자들도 있어서 개인이 어떻게 지식을 구성하는지 뿐만 아니라 다양한 학문분야처럼 공적인 지식체계가 어떻게 구성되는지에 대해서도 관심을 갖는 학자들도 있었다. 폰 글라저스펠트, 칸트(Kant), 포퍼(Karl Popper) 같은 학자들이 이에 속한다. 한편 지식의 구성에서 개인 혹은 공공의 지식 구성 중 같은 쪽에 관심이 있더라도 학자마다 취하는 입장이 다를 수 있다. 예를 들어 피아제와 비고츠키는 둘 다 개인의 인지적 구성 문제에 관심이 있었던 학자였으나 피아제의 경우 개별 학습자에게서 발견되는 생리적, 심리적 메커니즘을 강조한 반면, 비고츠키는 학습에 영향을 주는 사회적 영향을 강조했다는 차이가 있다.

다음으로 두 번째 영역은 지식을 개인에 의해 구성되어지는 것으로 볼 것인가 혹은 발견되는 것으로 볼 것인가의 문제를 다룬다. 다시 말해서 이 영역에서 다루는 두 가지의 상반된 관점 중 첫 번째는 지식의 구성은 인식자(들)의 마음이나 창조적 지성에 의해 영향을 받는 과정으로 본다. 이는 지식 구성의 주체로서 개인을 지식을 창출 하는 주체로 보는 것이다. 한편 이와 상반된 관점에서는 지식이란 외부에서 '부여된(imposed)'것으로 자연을 '교사(instructor)' 혹은 진리의 '전형(template)'과 같은 역할을 하는 것으로 보며 특정 주제에 대한 지식을 안다는 것은 단순히 수동적인 방식으로 자연이 안내한 것을 따르거나 흡수하는 것으로 본다. 이러한 관점에서 볼 때 새롭게 만들어진 지식은 개인이 구성한 지식으로 보아야 할 것인지 공공의 학문분야에서 만들어진 것을 발견하는 것으로 보아야 할 것인지의 문제를 놓고 다양한 구성주의의 관점으로 분화되어 갔다. 이중에서 폰 글라저스펠트의 경우에는 개인을 지식 구성의 주체로 강조하며 '진리의 전형으로서의 자연(nature as template)'의 관점에 반대하였다. 그러나 과학철학자이자 사회철학자인 포퍼의 경우 '창조자로서의 인간 대 안내자로서의 자연(human the creators versus nature the instructor)'의 연속체 중 중간쯤의 관점을 취하였다. 그의 관점은 "인간이 일을 의도하면, 자연은 성패를 가른다(man proposes, nature disposes)."라는 말에서 잘 드러난다. 즉, 포퍼에게 있어서 지식이란 과학과 같은 분야에서 공공의 지식체계의 성장뿐만 아니라 개인적 학습에서의 심리와 인식론적 관점에서의 성장 역시 중요하다. 포퍼의 관점을 그림으로 나타내면 다음과 같다.

문제 (problem) → **잠정적 이론** (tentative theory) → **실수의 제거** (error elimination) → **새로운 문제** (new problem)

[그림 1] 포퍼의 지식 구성에 대한 관점(Philips, 1995: 9)

마지막으로 세 번째 영역은 지식 구성은 능동적 과정으로, 이러한 인간의 행동을 개인의 인지적 측면에서 혹은 사회정치적 관점에서, 또 혹은 두 개의 관점으로 모두 볼 것인지에 대한 문제를 다룬다. 또한 인간의 능동적 지식 구성은 신체적인 행동 혹은 정신적인 행동 아니면 두 가지 모두의 행동 관점으로 모두 볼 수 있다는 것이다. 피아제는 지식 구성자로서 개별 아동은 정신적으로, 그리고 육체적으로 모두 매우 활발하다고 보았으며, 인지발달은 동화, 조절, 평형화뿐만 아니라 행위도식의 구성과 내면화의 역동적인 과정으로 개념화하였다. 이러한 능동적인 구성주의(active constructivism)는 듀이(Dewey)와 제임스(William James)에게서도 나타났다. 제임스는 허버트 스펜서(Herbert Spencer)의 정신관중 이론(spectator theory of knowledge)을 강하게 비판하면서 인식자를 능동적인 행위자로서 설명하였다.

2
다양한 구성주의와 특성

1) 개인적(온건적) 구성주의, 급진적 구성주의, 사회적 구성주의

구성주의에 대한 다양한 견해는 개인의 지식이 구성되는 과정에서 인식 주체로서 개인 혹은 개인 간 상호작용과 사회문화의 역할을 강조하는지에 따라 급진적 구성주의와 사회적 구성주의로 분류(김무길, 2005)하는 경우가 많다. 지식 구성에서 개인의 역할을 강조하는 구성주의는 다시 세계 자체가 인간의 생각에 의해 창조되었다고 보는 급진적 구성주의와 외부 세계의 존재론적 실재를 받아들이되 자연 세계와 동일 구조의 지식을 개인이 구성한다는 것을 강조한 상대적으로 약한(온건적) 구성주의(개인적 구성주의)를 구분하기도 한다(곽영순, 2016). 종합적으로 볼 때 급진적 구성주의와 사회적 구성주의는 각각 지식의 구성에 있어서 개인의 인식 작용을 강조하는가 아니면 사회적 상호작용을 강조하는가에 따라 구분되지만 공통적으로 인식 주체가 자신의 경험과 상관없이 이미 존재하는 객관적 실재를 그대로 받아들이는 것이 아니라 능동적으로 환경과 상호작용하여 그 경험을 내면화하는 결과 지식이 구성된다는 것을 강조하는 입장이다.

이처럼 구성주의가 무엇인지 설명하고 이해한다는 것은 단순한 것이 아니다. 유아교사교육을 위한 대부분의 저서에서는 피아제와 비고츠키의 이론에 근거하여 개인적 구성주의(인지적 구성주의/상호작용주의)와 사회적 구성주의/상호작용주의의 이름으로 주로 소개하고 있으나 이는 구성주의 심리학의 관점에서의 이해로 볼 수 있다. 본 저서에서는 먼저 일반적으로 가장 많이 언급되는 대표적인 구성주의로 개인적(온건적) 구성주의, 급진적 구성주의, 사회적 구성주의의 특성을 비교해서 설명하고자 한다.

〈표 1〉 개인적(온건적) 구성주의, 급진적 구성주의, 사회적 구성주의의 특징

	개인적(온건적) 구성주의	급진적 구성주의	사회적 구성주의
존재론적 신념	• 외부세계의 존재론적 실재를 받아들임(실재론자) • 논리적인 의미에서의 외부세계, 자연과 동일구조의 지식만을 구성할 수 있음	• 세계 자체가 인간의 생각에 의해 창조되었으며 생각에 의존함 • 경험 이외에 합리적으로 접근 가능한 실재, 본체는 없음	• 영속하는, 불변의 실재를 가정(온건한 사회적 구성주의) • 지식은 특정한 공동체 내에서 만들어짐(극단적인 사회적 구성주의)
인식론적 신념	• 인지구조의 적응적 기능 인식 • 개인은 실재하는 물리적 세계 속에 하나의 실존하는 생물체로서 존재 • 지식을 인식하는 개인의 내부에 있는 것으로 봄	• 적응적 기능을 가진 지식은 우리의 경험적 현실에 질서를 부여하는 데 적합(지식에 대한 도구주의적 이론) • 특정 시기에 존재하는 지식은 일시적인 것으로 정교화, 개정 및 확정 과정을 거쳐 변화하는 것	• 사회적으로 공인된, 살아온, 오류 가능성이 있는 협의된 지식 • 지식의 구성에서 사회적·정치적인 과정들, 즉 사회적 교섭이 지식의 타당성 여부를 결정하는 주요인이 됨
교수학습 관점	• 학습은 기존의 지식에 의존함. 사전지식의 중요성과 함께 학습자의 적극적인 참여를 강조 • 학습은 적응 및 조절과정 • 학습을 개념 변화 및 개인의 인지구조 내의 변화로 간주	• 개개인의 경험적 세계에 관하여 인식의 적응적 기능 강조 • 학습은 학습자의 내면, 마음에서 일어나는 생존을 위하여 주관적으로 이해를 해 나가는 활동 • 동화와 조절을 통해 평형을 유지하려는 과정에서 학습이 일어남	• 학습은 문화적으로 조직된 실제 활동들에의 공동적 참여로 가능 (인지적 도제/의미의 교섭) • 학습은 그 학습이 일어나는 문화로의 입문을 뜻함 • 사회적 상호작용의 내면화를 통해 학습이 일어남

	개인적(온건적) 구성주의	급진적 구성주의	사회적 구성주의
지식에 대한 이해 및 구성된 지식에 대한 준거	• 개인이 능동적으로 지식을 구성한다고 보지만, 서로 다른 구성 사이에서 옳은 것을 선택해야 한다고 봄 • 서로 다른 인지 양태 사이의 일치, 서로 다른 개인의 서로 다른 인지 양태 사이의 일치 여부에 따라 구성된 지식에 대해 검증 • 개인이 구성한 지식은 궁극적으로 보편타당한 지식으로, 자연세계와 동일한 구조의 개념으로 구성되어 감	• 구성된 지식에 대한 근거는 적합성 (viability) 혹은 맥락성. 개인에 의해 구성된 지식이 창출된 맥락에서 적절하다고 증명되면 지식으로 인정 • 개인이 구성한 지식은 삶 속에서 의미가 있어야 함	• 구성된 지식에 대한 준거는 사회적 합의와 협상에 의해 가능 • 구성원들의 상호주관성 (intersubjectivity)을 통해 사회의 많은 사람들 간 지식에 대해 공유가 일어날 때 가능
연구의 관점	• 학습자의 개념변화 학습: 오개념을 극복할 수 있는 수업 전략, 프로그램의 개발 등 • 주어진 상황에서 학습자의 현재 지식구조와 신념은 새로운 의미구성에 영향을 미침으로써 학습자가 무엇을 배울 수 있을지에 영향을 미침	• 교수학습과정에서 상대주의적 접근법의 반영을 통해 개별 학습자가 적극적으로 나름의 지식을 구성해 나가는 학습과정에 대한 해석 제공 • 개인이 개념들을 형성하고, 이러한 개념들을 개념구조로 정교화하고, 나아가 개념구조를 보다 강력하고 포괄적인 구조 틀로 재구조화해 나가는 심리적 과정에 대한 연구	• 심리학적 연구에서 언어의 영향에 대해 관심 • 교수학습이 일어나는 교사와 학습자들이 상호작용하는 교실공동체와 소집단문화에 대한 사회학적 분석

(곽영순, 2016: 30-31, 63-72를 활용하여 재구성)

(1) 개인적(온건적) 구성주의의 관점

개인적 구성주의는 피아제의 이론을 중심으로 한 관점으로 개인과는 상관없이 이미 존재하는 세상의 진리를 표상하는 것을 인지발달로 본 표상주의 관점과는 전혀 다른 인지에 대한 시각을 가지고 있다. 피아제는 인간의 인지발달이 보편적인 성격을 가진다고 보았으며 인지 혹은 지식의 내용 자체보다는 인지의 형식, 즉, 어떻게 인지 발달이 일어나는지에 대해 관심이 많았다(이종원, 1998). 지식이란 개인과 독립적으로 존재하는 것이 아니라 개인이 세계에 적응해 가는 과정으로 환경과의 상호작용을 통해 개인이 구성하는 것이며 피아제(1970)의 관점에서 인지 발달이란 개인이 이전에 가지고 있지 않던 새로운 구조를 형성해 가는 것을 뜻한다. 개인은 계속적으로 자신이 처한 환경을 탐색하고 조정하며 그러한 과정에서 환경을 적절히 다루기 위한 새롭고 보다 정교한 인지구조들을 능동적으로 구성해 나간다.

개인적 구성주의에서 지식은 인식 주체가 자신이 세계에 대해 경험한 것을 동화와 조절의 과정을 거치면서 질서화 · 조직화(Piaget, 1954)하는 것으로 본다. 즉, 지식은 개인적이고 적응적인 기능을 가지고 있으며 학습은 외부 세계에 보다 적응을 잘 할 수 있도록 개인이 가지고 있는 지적 모델을 끊임없이 (재)구성하는 과정이다(곽영순, 2016).

이처럼 피아제의 이론을 바탕으로 한 개인적 구성주의에서는 개인을 지식 구성의 주체로 보고 있으나, 각자가 자신의 개인적 경험을 바탕으로 구성한 지식의 진리성 혹은 타당성과 관련해서는 개인이 가진 지식 구성 기제의 선천성이나 선험성을 통해 사회에 존재하는 보편타당한 지식의 구성을 강조한다. 다시 말해서 피아제는 개인이 능동적으로 지식을 구성한다는 것을 강조하였으나 이렇게 구성된 개념 및 지식은 개인의 경험에만 유용한 임의적인 것이 아니라 논리적인 의미에서 자연세계와 동일한 구조의 개념으로 구성될 수 있음을 주장함으로써 외부 세계의 존재론적 실체를 인정하였다(곽영순, 2016). 개인적 구성주의의 근간이 된 피아제의 발생학적 인식론이 보편타당한 영역-일반적 지식의 구성이라는 칸트(Kant)의 입장을 전제로 한 것이라는 김희연(2001)의 설명 역시 같은 맥락이다. 강인애(1998a) 역시 지식 구성을 하는 개인은 반드시 어느 특정 사회집단에 속해 있으므로 개인이 구성하는 지식을 온전히 특정 개인의 지식이라기보다 결국은 그가 속한 사회와 사회구성원이 통용하는 언어와 의미의 사용을 전제로 구성되는 '개별성'과 '사회성'이 혼합된 형태라고 설명한다.

이러한 관점에서 볼 때 개인적 구성주의에 입각한 교육에서 교사의 역할은 학습자의 사전 지식을 이해하고, 학습자가 자신이 가진 사전 이해를 바탕으로 해결할 수 없는 갈등적, 모순적 문제 상황을 제시해 주는 것이다. 이를 통해 인지적 불평형을 경험한 학습자가 능동적으로 자신의 지식을 조절함으로써 의미를 재구성하고 이를 통해 궁극적으로 사회에서 받아들여져 있는 (전문가 집단이 제시한) 보편타당한 이론적 개념이나 관습에 적합한 지식을 획득함으로써 경험 속에서 잘 활용할 수 있도록 하는 것이다. 이러한 관점에서 볼 때 개인적 구성주의 관점에 따라 교육을 실천하고자 하는 교사는 학습자가 가진 오개념을 파악하고 정확한 개념을 구성할 수 있도록 촉진하는 역할을 수행해야 한다.

① 동화(assimilation), **조절**(accommodation), **평형화**(equilibration)**를 통한 인지발달**

피아제는 인간이 신체적 · 생물학적 · 인지적으로 계속 발달해 가는 유기체라고 믿는다. 이러한 믿음은 "주체가 존재하는 이유는 그 구조가 끊임없이 만들어지고, 즉, 계속 구성되어 가고 있기 때문이다. 구성되지 않는 구조란 없다."(Piaget, 1970: 140)라는 말에서 잘 드러난다. '평형화'란 '동화'와 '조절' 사이의 균형을 이루려는 '자기 규제의 역동적 과정'(Fosnot, 2001: 34)이며 개인이 경험을 하면서 부딪히는 상황에 자신이 가지고 있는 논리에 의해 이해가 되지 않을 경우 불평형을 느끼며 조절을 통해서 (재)평형화를 이룸으로써 인지발달이 일어난다.

인간은 환경과 상호작용하면서 어떤 경험을 할 때 자기가 가지고 있는 논리적 구조나 이해력을 토대로 경험을 조직하려고 한다. 즉, 개인은 자신이 만나는 세상을 자신의 이해 정도에 따라 해석하려고 하는데 이것이 바로 '동화'이다. 자신이 가지고 있는 인지 도식에 맞지 않는 새로운 경험을 하게 되면 인지구조는 기존의 이해가 불충분하다는 것을 인식하게 되고 구조의 혼란과 불평형 상태를 초래하여 결국 자신의 구조를 스스로 조절하게 된다. 이러한 과정에서 인지적 평형화가 일어난다.

평형화의 과정은 동화–갈등–조절이 순서대로 일어나는 연속적 과정이 아니라 계속적으로 반성하고, 통합하고 조절하는 역동적인 과정이다. 즉, 개인은 어떤 경험을 할 때 자신이 가지고 있는 기능을 보존하기 위해 이전의 행동을 재구성(Fosnot, 2001)하고자 하는데, 이것이 제대로 이루어지지 않을 때 혼란과 불평형을 경험하게 되고 스스로 반성하면서 끊임없이 적응하기 위해 조절하고 통합하는 과정을 거치게 된다. 동화와 조절은 타고난 자기 조직의 본질에 따라 서로 역동적인 관계를 맺으며 성장 지향적인 체계를 유지한다.

② 피아제의 발생학적 인식론에 근거한 교육적 함의(Driscoll, 2006)

■ 학습자의 능동적 활동을 지원하는 교육 환경 제공

학습자는 직접적인 경험을 통해 환경과 상호작용하면서 지식을 구성할 수 있으므로 학습 환경은 활동을 지원할 수 있도록 조성되어야 한다. 즉, 스스로 지적 호기심을 실험해 볼 수 있도록 사물을 관찰하고 조작할 수 있는 환경이 마련되는 것이 필요하다. 특히 구체적이고 조작 가능한 자료를 제공해 줄 때 학습자는 자신의 자료 조작 행위로부터 학습을 하게 된다.

■ 학습자의 인지발달에 중요한 원천이 되는 동료와의 상호작용 촉진

피아제에 따르면 동료와의 상호작용을 통해 전조작기 유아는 자기중심적 사고를 벗어나 논리적으로 사고하고 문제해결을 할 수 있다. 따라서 개인의 인지발달을 위해서 학습자간 상호작용이 촉진되는 것이 필요하다.

■ 학습자의 사고에서 갈등과 모순을 깨닫게 하는 수업전략 활용

피아제의 '평형화' 개념과 관련된 것으로, 새로운 단계로의 인지 발달을 이루기 위해서는 학습자가 현재 지닌 인지 구조와 동화될 새로운 정보 간에 불균형을 경험하는 것이 필요하다. 인지적 불균형을 느낀 학습자는 자신의 인지 구조를 환경에 맞게 조절하게 되고, 결국 환경에서 주어진 새로운 정보에 대한 개념을 학습하게 된다.

(2) 급진적 구성주의의 관점

급진적 구성주의는 피아제의 발생학적 인식론의 영향을 받은 폰 글라저스펠트에 의해 주창되었다. 여기서 '급진적'이라는 수식어가 붙은 이유는 1970년대 구성주의가 새로운 인식론의 하나로 등장할 당시 주류였던 객관주의 혹은 표상주의 기반 인식론에서 지식은 개별 인간과 상관없이 외부 세계에 존재하는 것으로 보았던 것과는 완전히 다르게 진리란 인식 주체의 외부로부터 '발견'되는 것이 아니라 인식 주체가 '구성'하는 것(von Glasersfeld, 1995)으로 보는 '급진적'인 인식론적 태도를 취했기 때문이다. 다시 말해 급진적 구성주의는 기존의 인식론적 패러다임의 전제와 그에 의거한 학습-교수 전략 및 방법론에 이르기까지 전면적인 의문을 제기한 만큼 '급진적'인 성격을 가졌다고 볼 수 있다(강인애, 1997).

급진적 구성주의에서 실재란 인식 주체가 주관적 경험을 통하여 만들어 내는 것이자 개인적인 의미 부여의 산물이며(김무길, 2005) 지식은 개인이 경험에서 추출하고 추상화해낸 지적 구성물로서 개인의 인지구조 내에서 형성되는 것이다(곽영순, 2016). 지식이란 적응적 기능을 가진 것으로, 개인은 그들의 개념구조를 구성 · 재구성하는 과정을 통해 보다 설명력 있는 구조를 확장해 나가면서 외부세계를 알아가게 된다(곽영순, 2016). 즉, 개인에 의해 구성된 지식의 진위 여부보다 급진적 구성주의에서 지식의 타당성을 판단하기 위해서 중요한 근거로 활용되는 것은 '적합성(viability)'의 근거이다. 급진적 구성주의에서 보는 지식은 우리가 실생활 경험 속에서 직면한 문제나 장애물을 성공적으로 해결 혹은 극복해 나가기 위한 도구이다. 그러므로 어떤 개념이나 이론 등은 '이들이 창출된 맥락에서 적절하다고 증명이 되면 가치가 있는 것이 된다.'(von Glasersfeld, 1980: 7). 결국 지식과 실체는 개인의 삶 속에서 의미가 있다고 본다(조용기, 1998). 즉, 지식의 타당성 여부는 외부세계와의 정확한 일치 혹은 객관적 실재에 부합되는지의 여부가 아니라, 개인의 경험적 세계와의 일치도 및 일관성 정도에 따라 결정되며 모든 지식은 경험을 유의미하게, 일관되게 만드는 과정을 통해 우리의 생존을 향상시키기 위한 – 환경에 적응하기 위한 – 목적에서 구성되는 것이라고 본다(곽영순, 2016).

'적합성' 개념은 지식과 개념 등을 우리가 실생활 경험 속에서 직면한 문제를 성공적으로 해결 · 극복해 나가기 위한 도구(von Glasersfeld, 1999)로 보는 도구주의적 관점을 표방하는 대표적인 것이다. 급진적 구성주의에서 지식은 그 자체가 목적이 아니라 도구적인 것이므로 구성주의 이론을 교육에 적용하기 위해서는 우선적으로 교육에서 달성하고자 하는 목표를 명확하게 하는 것이 필요하다(von Glasersfeld, 1999: 308). 이처럼 급진적 구성주의는 극단적 도구주의 관점을 표방하고 있는데(정석환, 정성수, 2015) 폰 글라저스펠트는 피아제의 인지이론에 근거하여 학습과 지식의 도구적 성격을 두 가지 종류로 설명한다.

■ **감각운동적 수준에서의 도구적 성격**

피아제는 특정 감각 혹은 운동 신호들로 구성된 패턴들에 대한 모든 추상화를 '경험적'이라고 부른다. 따라서 개인이 감각운동 신호들을 연합하여 구성한 대상 개념들을 '경험적 추상화'라고 부를 수 있다(von Glasersfeld, 1999: 134). 즉, 감각운동적 수준에서의 도식은 개인이 경험세계 내에서 상호작용하면서 자신의 생존에 필요하도록 감각적 평형을 이루는 데 도움이 된다. 즉, 실제에서의 유용성을 기준으로, 개인으로서 유기체의 생존을 돕는다는 공리주의적 측면에서 도구적 성격을 가진다(von Glasersfeld, 1999: 132).

■ **반성적 추상화 수준에서의 도구적 성격**

한편 피아제는 특정 감각 자료에 의존하지는 않지만, 주체가 행한 것에 의해 결정된 개념구성의 결과를 '조작적'이라고 부른다. '조작'은 언제나 마음의 조작을 가리키며 따라서 심적 과정에 관한 성찰이 생성한 모든 결과들은 '반성적 추상화'라고 부른다(von Glasersfeld, 1999: 134). 즉, 반성적 추상화 수준에서의 조작적 도식은 개인으로 하여금 정합적인 개념 구조망을 통해 현재 자신이 가지고 있는 개념 구조 중 적응시킬 수 있는 것으로 파악되는 사고 및 행위의 경로를 반성적으로 성찰하도록 한다. 이러한 보다 고차적이고 포괄적인 추상화 수준에 있는 개념들의 '적합성'은 그 실제적인 가치에 의해서가 아니라 그것이 보다 커다란 개념망과 조화되느냐에 의해서 결정된다(von Glasersfeld, 1999: 132). 즉, 정신적 조작수준에서의 도식은 상대적인 정합성을 기준으로 검증되며, 고등적 인지구조의 개념적 정합성이라는 관계적 도구성을 지닌다(김희연, 2001).

① **학습자의 의미 구성에 대한 지원**

급진적 구성주의의 주창자 폰 글라저스펠트(1999)는 구성주의에 입각한 교육에서는 무엇보다도 학습자가 스스로 개념을 구성하려는 시도를 장려하는 것이 중요하다고 보며 이를 위해서 다음의 사항들을 강조한다.

■ **구성주의 철학에 근거한 교수학습 방법 창조하기**

교육은 '정치적'인 기획으로 교육가의 교육적 의도가 담기게 되지만, 구성주의는 모든 학습과 지식을 도구적으로 보기 때문에 가치중립적이고 객관적인 지식을 학생들에게 어떻게 전달할지에 대한 지침을 제공하지 않는다. 구성주의 교육의 실천을 위해서는 학습자가 스스로 학습의 목적과 필요성에 대해 인식할 수 있도록 개별 교사가 상상력이 풍부한 교수방법을 개발해 내야 한다.

■ **길들이기보다는 가르치기**

구성주의 철학에 근거한 교육에서는 단순하게 습관적으로 아무 사유 없이 행동하도록 학습자를 길들이는 것이 아니라 자신이 어떻게 행동해야 할지 스스로 사고할 수 있도록 가르치는 것이 필요하다. 폰 글라저스펠트는 길들이기와 가르치기의 차이점을 강조하기 위해서 아래와 같은 칸트의 말을 인용한다.

인간은 단순히 길들여지거나, 습관적으로 길들여지거나, 기계적으로 배울 수 있다. 혹은 실제로 계몽될 수 있다. 사람은 개와 말을 길들이며, 또한 인간도 길들일 수 있다. 그러나 길들이기는 거의 효과가 없다. 무엇보다도 중요한 것은 아동들이 사고하도록 가르치는 것이다. 그 목표는 모든 행위를 창출하는 원리들이어야 한다(Kant, 1803, Werke, vol ix, p. 450).

■ **유기체의 내적 지각을 일으킬 수 있는 환경의 자극 제공하기**

학습자가 학습을 하는 데 있어서는 내적인 동기가 중요하며 교사는 학습자의 내적 동기를 불러일으키는 환경을 제공해 주어야 한다. 농부가 소를 물가로 데려갈 수는 있어도 물을 마시게 할 수 없는 것처럼 교사 역시 학습자로 하여금 학습할 수 있는 환경을 제공해 줄 수는 있어도 학습자의 학습에 대한 내적 필요성의 인식 없이는 학습이 일어날 수는 없다.

■ **학습에 대해 내적으로 강화하기**

훈련, 기억화, 반복 연습과 바람직한 행동에 대한 칭찬이나 보상과 같은 외적 강화는 학습자들에게 일시적인 학습의 동기를 불러일으킬 수는 있더라도 지속적인 학습에 대한 동기나 문제상황에 대한 해결책을 스스로 발견하고자 하는 욕구를 생성시키지는 않는다. 학습자가 학습을 하기 위한 욕구를 가지고 새로운 문제 해결을 위해 도전하기 위해서는 과거에 스스로 문제에 대한 해결책을 발견하고 얻었던 만족감이 가장 중요한 강화의 조건으로 작용할 수 있다.

② 즐거움을 유발할 수 있는 교사의 상상력

이해를 목적으로 하는 교수 행위에서 언어는 중요한 역할을 하지만 언어의 기능에 대한 지나친 맹신은 구성주의 교육을 실천하는 데 방해가 될 수 있다. 왜냐하면 언어는 지식을 전달하기만 하는 것이 아니라 때로는 학습자의 개념 구성을 구속하기도 하고 안내하는 역할 역시 한다. 이러한 관점에서 볼 때 교사가 어떤 개념을 학습자에게 언어로 그대로 전달하려고(가르치려고) 시도하더라도 개별 학습자들에게 그 개념은 그대로 똑같이 전달(학습)되는 것이 아니라 자신의 경험적 세계와 연결되어 각자의 방식으로 이해된다고 볼 수 있다. 그러나 학습자가 수업 상황에서 제시되는 문제의 해결을 즐거움으로 느끼게 된다면 강력한 교육적 도구로 작용할 수 있다. 즉, 교사는 언어를 유일한 지식 전달(가르침)의 수단으로 보기보다 학습자의 관점에서 이해하고, 학습자 전체를 참여시키려는 교사의 감수성과 의지, 그리고 학습자가 몰입할 수 있는 과제의 선택을 위한 상상력을 가질 수 있도록 노력해야 한다.

③ 적절한 언어적 중재를 통한 방향 제시

교사는 학습자에게 어떤 개념을 어떻게 구성해야 하는지를 직접적으로 설명해 줄 수는 없지만, 잘못된 길로 가는 것을 막을 수는 있다. 즉, 교사의 언어가 학습자들의 개념 구성 행위를 직접적으로 가능하도록 할 수는 없더라도 어떤 특정한 방향(orienting function)으로 학습자의 사고가 진행되도록 하는 조건을 만들어 낼 수는 있다.

④ 교구의 활용을 통한 학습자 개인의 심적 조작

어떤 개념을 익히기 위해서는 이떤 활동자료나 교구를 제공해 주는지가 문제가 아니라 학습자가 그러한 활동자료나 교구를 어떻게 활용함으로써 자신의 마음이 조작되는지가 중요하다. 구성주의의 관점에서 볼 때 '개념은 교구나 자료 자체에 내재된 것이 아니라 반성적 추상에 의해 개인적으로 구축되어야 한다(von Glasersfeld, 1999: 322).' 반성적 추상은 자료에 대한 단순한 관찰만으로 발생되는 것이 아니며 학습자가 능동적으로 자료를 조작하면서 자신의 경험을 재조직함으로써 지각 자료와 양립할 수 있도록 학습자 마음의 조작이 일어나는 것이 중요하다. 교수자료나 교구의 활용은 학습자가 개념을 획득하는 데 있어서 유용하지만, 자료의 제공 자체로 머물러서는 안 되고 학습자에게 자료를 통해 반성하고 추상할 수 있는 기회를 제공하는 것이 중요하다.

⑤ 개별 학습자의 사고에 대한 추론의 필요성

개념은 각 학습자가 개별적으로 구성해야 하는 것이므로 교사는 개별 학습자의 사고 방식에 대해 이해하고 이에 적합하게 지원해 주는 것이 필요하다. 개별 학습자가 현재 어떠한 개념구조를 가지고 있는지 알고 있다면 사회적 구성주의자들이 주장하는 것처럼 교사는 학습자의 잠재적 역량까지 발휘할 수 있도록 비계설정을 해 줄 수 있다. 학습자가 자신이 가진 오개념에 대해 인지적 갈등을 느끼고 자신의 도식을 조절해 갈 수 있도록 교사는 개별 학습자의 사고 방식에 대해 이해하고 지속적으로 학습자의 사고 역량을 길러줄 수 있도록 노력해야 한다.

⑥ 가르치기보다는 도와주기

학습자가 스스로 자신의 흥미에 따라 지식을 구성하게 되면 교사의 가르침으로 알게 된 지식에 비해 훨씬 견고하게 학습자의 머리에 남는다. 단, 교사는 학습자의 주체적 지식 구성을 도와주기 위해 개념변화에 대한 메타인지적 이해를 가지고 있어야 한다. 즉, 학습자의 개념 이해가 어떻게 발달하는지를 이해함으로써 특정한 시점에 어떻게 개별 학습자의 개념 구성을 도와줄 수 있을지를 알아야 적절한 지원을 제공할 수 있다.

⑦ 반성의 육성

학습자의 진보와 발전은 단시간에 관찰이 어렵고, 장기간의 잠복기를 통해 나타난다. 교사는 학습자에게 직접적으로 지식을 가르치기보다 반성적 사고를 육성하고 사고하는 능력을 길러줌으로써 학습의 진보를 이끌 수 있다.

⑧ 사회적 상호작용

사회적 상호작용은 개인의 지식 구성에 영향을 미친다. 사회적 구성주의자들은 의미와 지식은 개인이 속한 사회에서 인정되는 방향으로 협상된다고 하지만, 급진적 구성주의에서 협상하기 절차의 중대한 측면은 협상의 결과 조절된 지식은 반드시 주관적인 구성이라는 점에 있다. 다시 말해서, 학습자가 사회적 상호작용을 통해 지식을 구성하더라도 결국 구성된 지식은 학습자 개인이 주관적으로 구성하는 것이지 사회적으로 합의된 지식을 사회적 상호작용을 통해 구성하게 되는 것이 아니라는 것이다.

이러한 구체적인 방법들을 제안하면서도 폰 글라저스펠트가 주장하는 급진적 구성주의의 핵심은 "교수 기술은 지식의 전달과 거의 관계가 없으며, 교수의 근본적인 목적은 학습자에게 학습 기술을 육성하는 것이어야 한다."는 말에서 잘 표현된다.

(3) 사회적 구성주의의 관점

사회적 구성주의는 인간 자신의 경험을 지나치게 강조한 급진적 구성주의와는 다르게 인간 간의 상호작용의 중요성을 강조하는 입장으로 비고츠키(Vygotsky)의 이론을 핵심적으로 반영한 것이라고 볼 수 있다. 사회적 구성주의에서는 세계에 대한 이해를 인간 간의 교환의 결과로 보며 개인의 인지 발달을 '사회적 상호작용의 내면화' 과정으로 본다(이종일, 1998: 82). 즉, 지식의 구성 과정에서 인식 주체를 가장 중요한 역할을 담당하는 것으로 본 급진적 구성주의와는 다르게 사회적 구성주의에서는 사회문화 혹은 인식 주체 간 사회적 상호작용을 강조한다. 따라서 진리의 준거는 사회적 합의와 의견의 일치에 있으며 사고는 언어가 매개된 사회적 의사소통을 기초로 하며 그 결과를 변형하고 내면화함으로써 지식을 구성한다고 보는 것이다(김무길, 2005).

피아제의 이론을 중심으로 인지 구성에 있어서 개인의 역할을 강조한 폰 글라저스펠트의 급진적 구성주의는 사회적 상호작용을 고려하지 않았다는 이유로 월취(Wertsch), 콜(Cole), 콥(Cobb) 등에 의해 비판을 받게 된다. 사회적 구성주의에서 지식은 사회, 문화, 언어 집단에 따라 상대적인 것으로 여겨진다. 사회 심리학자 거겐(Gergen)은 대표적인 사회적 구성주의의 옹호자 중 한 명으로 사회적 구성주의의 특성을 네 가지로 제시한다(Gergen, 1985: 266-268).

첫째, 우리가 세계를 경험하는 데서 얻게 되는 것 자체가 세상을 이해하는 용어들을 뜻하지는 않는다. 우리가 세계에 대한 지식으로 받아들이는 것은 귀납의 산물 혹은 일반적인 가설의 구축과 검증의 결과가 아니다.

둘째, 세계에서 이해되는 용어들은 사회적으로 만들어진 것으로 역사적인 상황 내 사람들 간의 교류의 산물이다. 구성주의의 관점에서 볼 때 이해의 과정은 자연의 힘에 의해 자동적으로 추진되는 것이 아니라 관계를 맺고 있는 사람들의 적극적이고 협력적인 상호작용의 결과이다.

셋째, 세상에 대한 이해 방식들이 시간에 따라 우세하거나 유지되는 정도는 근본적으로 문제에 대한 관점의 경험적 타당성 때문이 아니라 사회적 과정(의사소통, 협상, 갈등 등)의 변화 때문이다.

넷째, 협상된 이해(negotiated understanding)의 형태는 사람들이 참여하는 다른 많은 활동과 통합적으로 연결되어 있기 때문에 사회생활에서 매우 중요하다. 세계에 대한 묘사와 설명 그 자체가 사회적 행동의 형태를 구성한다. 이런 식으로 이러한 묘사와 설명들은 모든 종류의 인간의 행위들과 다 얽혀 있다.

종합해 볼 때, 사회적 구성주의에서 진리 혹은 실체는 한 사회집단의 많은 사람들의 사회적 협상이나 동의에 의해 이루어지는 것이지 인간 외부의 자연 세계에 이미 객관적으로 존재하는 지식을 개인이 경험의 축적을 통해서 구성하거나 검증하는 것이 아니라는 것이다. 이러한 관점에서 볼 때 학습이란 사회적 협상의 과정(이명숙, 1985)으로 개인의 정신 기능의 발달은 사회적인 상호작용과 구성원들과의 협상을 통해 특정 사회 내 많은 구성원들과 공유하는 상황 · 맥락적 지식을 구성함으로써 이루어진다. 인간의 활동은 인간 간의 상호작용 과정에서 도구와 기호에 의해 중재되며 이를 통해 정신 기능의 발달이 이루어지므로 인간의 정신 기능의 발달은 개인적 이라기 보다 사회 · 문화적 기원을 가진다고 볼 수 있다.

비고츠키에 따르면 개인의 정신 기능은 사회문화적, 제도적으로 상황적(situated)인 특성을 가지며, 인간의 정신 기능은 개별 인간 내의 어떤 작용에 의해서라기보다 사람들 사이에서 일어나는 상호작용에 의해 이루어진다(Wertsch, 1985). 비고츠키는 특히 마음의 사회적 발달, '고등정신 기능'에 관심을 가졌으며, 고등정신 기능의 발달은 사회적 활동에 참여함으로써 이루어질 수 있다고 보았다. 즉, 비고츠키(1981)는 아동의 정신 기능의 발달에 있어서 사회문화적 역할을 강조하면서, 사회적 수준에서 사람들 사이의 상호작용이 일어나고 이후에 개인 내적 심리적 수준에서 사회적 경험을 내면화하면서 정신 기능 발달이 일어난다고 설명한다.

개인의 능동적 지식 구성을 강조한 피아제의 관점과 비교하여 지식의 사회적 구성을 강조한 비고츠키의 관점을 제시하면 다음과 같다.

피아제의 경우 지식이 발달되는 과정과 관련해서 개인 내의 심리학적, 인식론적 관점에서의 체계적 설명을 제시한 반면에 비고츠키의 경우 특정 사회 집단에 역사적, 문화적 형태로 누적되어 있는 지식이 이미 이러한 지식을 획득한 다른 사람들과의 사회적 상호작용을 통해 개인이 내적으로 재구성해 가는 과정을 강조한다.

〈표 2〉 피아제와 비고츠키의 관점에서 본 구성주의 특성

	피아제의 관점	비고츠키의 관점
지식	• 마음의 산물로 인식 주체자에 따라 상이하게 구성됨	
지식 목표	• 인간 각자의 맥락에 적합한 의미 구성	
이론적 관심	• 개인의 인지적 구성 과정	• 개인의 사회 · 문화적 동화
인지적 발달 기원	• 개별 인식자의 머리 속	• 사회관계에 참여하는 개인
학습	• 적극적인 인지적 구조의 재편성 • 개인의 주관적 경험에 근거한 의미 구성	• 관련 공동체에서의 문화적 동화 • 사회적 상호작용을 통한 의미 구성
교수	• 개인의 의미구성 촉진 및 안내	• 사회 · 문화적 동화 촉진/안내, 공동참여
수업 환경	• 교사와 학생 간에 형성되는 문화를 강조(상이성 강조)	• 공동체의 문화를 반영하는 학습교육의 실태 조사(동질성 강조)

(강인애, 2015:11; 이종일, 1998: 83을 활용하여 재구성)

이상으로 본 것처럼, 구성주의 이론에 대한 설명에서는 일반적으로 피아제와 비고츠키의 관점의 차이를 다룬다. 그러나 비고츠키의 관점에 근거한 사회적 구성주의를 온건한 구성주의, 혹은 급진적 구성주의와는 완전히 다른 새로운 구성주의의 관점으로 보기보다 많은 공통점을 공유하면서 상대적으로 급진적 구성주의에서 지식 구성을 지나치게 개인의 문제로 환원한 것을 수정하는 관점으로 보아야 한다는 시각 역시 제시되고 있다. 이러한 맥락에서 이종일(1998: 127)은 피아제와 비고츠키의 구성주의 관점의 공통점과 차이점을 아래와 같이 설명한다.

첫째, 사회적 구성주의에서 역시 인지적 구성주의와 마찬가지로 지식의 구성은 개인의 차원에서 일어난다고 본다. 급진적 구성주의와 사회적 구성주의의 특성 차이를 지나치게 강조할 경우, 사회적 구성주의의 관점에서 지식의 구성이 사회 혹은 개인 간 상호작용이 구성하는 것으로 오해될 수 있다. 그러나 무언가를 구성해 낼 수 있는 의지를 사회가 가질 수는 없으므로 결국, 사회적 구성주의 관점에서도 역시 지식의 구성은 개인의 차원에서 일어난다고 보아야 한다는 것이다. 사회적 구성주의는 급진적 구성주의를 포함한 개인적 구성주의와는 다르게 사회적 요인을 강조하고 있지만 개인의 지식 구성에서의 독특성과 개별성 역시 인정한다(강인애, 1995).

둘째, 지식 구성과 관련한 사회적 구성주의의 차이점은 사회 내의 구성원들과의 상호작용을 거친 개인이 경험을 내면화하는 과정에서 지식이 구성된다고 본다는 점이다. 즉, 지식 구성 과정이 독립된 개인에 한정되어 일어난다기 보다는 개인 간의 상호작용 속에서 각자가 구성하기 때문에 개인이 분리되어 개인에게 한정된 자신의 지식을 구성하는 것보다 높은 차원의 고등 지식을 구성할 수 있다고 할 수 있다.

셋째, 사회적 구성주의자들에게 있어 지식에 대한 판단 근거는 객관성이 아닌 상호주관성(intersubjectivity)에 있다. 지식을 공유하는 범위가 특정 지식에 대한 식자들(識者: the knowers)의 공동체에 확산되어 사회 구성원의 대부분이 그 지식을 인정할 때, 그 사회 내에서 지식은 진리처럼 인정된다. 그렇지만 사회적 구성주의에서 지식은 객관주의에서 이야기하는 객관적 · 보편적 특성을 가진 진리와는 의미가 다르므로 구분할 필요가 있다.

① **기호적**(상징적) **중재**

비고츠키의 이론의 핵심을 이루는 것은 인간 구성원의 상호작용을 가능하게 하는 인간의 상징 창조 능력이다(이종일, 1998). 인간 사회에서 의미 소통은 기호에 의해 가능한데, 대표적인 기호는 언어라고 할 수 있다. 상징이 갖는 의미는 인간 집단이 사회적 합의에 의해 임의적으로 부여하는 것이며 인간은 사회적 상호작용의 과정에서 상징을 부여하고 해석하고 공유함으로써 자신의 행동을 구성한다.

비고츠키는 개인의 고등정신의 발달은 물질적(material), 심리적(psychological) 도구와 다른 사람이라는 세 가지 중재자를 통해 이루어진다고 설명하였다(Vygotsky, 1978; 1986). 심리적 도구의 예로는 언어, 다양한 계산체계, 대수의 상징체계 등을 들 수 있는데 이러한 도구들은 사회문화적 진화의 산물이며 인간의 새로운 행위의 구조를 결정함으로써 정신기능의 흐름과 구조를 변형시킨다(Wertsch, 1995).

② **고등정신 기능의 내면화**(internalization)

내면화란 외적인 수준에서 수행되어 왔던 활동의 유형 중 어떠한 측면이 내적인 수준에서 실행되는 과정을 뜻한다(Vygotsky, 1981: 곽향림, 2015: 32에서 재인용). 비고츠키는 인간이 다른 동물보다 고등한 사고를 가질 수 있는 이유가 바로 고등정신 기능을 내면화하는 것에 기인한다고 설명한다. 처음에는 개인간 상호작용에서 상징이 창조되고 이후에 개인의 내적인 수준에서 이러한 상징을 실행하게 됨으로써 지식이 구성된다는 것이다. 이처럼 지식이 사회적으로 먼저 구성되면서 고등 수준의 지식이 구성되고, 이후에 인간들이 구성한 고등정신 기능을 개인의 문제해결 과정에서 내면화할 수 있게 되면서 고등정신 기능이 개인의 수준에서 실현 가능하게 된다.

③ **근접발달지대**(zone of proximal development)

비고츠키의 개념, '근접발달지대(ZPD: zone of proximal development)'는 인간 정신 발달의 사회적 기원을 나타내는 것으로 지식이 사회적 참여를 통해 구성된다는 사회적 구성주의의 핵심적인 원칙을 가장 잘 드러내는 개념이다. 사회적 구성주의 교육의 실천을 위해 가장 중요한 것은 학습자의 근접발달지대를 창출하는 것으로 이 지대 내에서 '아동은 환경 속에서 사람들과 협동해서 상호작용을 할 때에만 조작될 수 있는 다양한 내적 발달 과정을 불러(Vygotsky, 1978: 90)' 일으킬 수 있다.

'근접발달지대'는 개인이 지닌 실제 발달수준과 더 나은 지식과 기술을 지닌 사람의 도움을 받아서 수행할 수 있는 잠재적 발달수준의 차이의 영역을 상징적으로 나타낸다. 이때 도움을 주는 사람은 직접적으로 지식을 전달하거나 문제 해결 방법을 알려주는 것이 아니라 학습자 개인이 답을 찾아가는 과정을 도와주기 위해 안내하거나 비계설정(scaffolding)을 하는 역할을 한다. 학습자 스스로 완전히 문제 해결을 독립적으로 할 수 있는 단계가 되면 안내 역할을 중지한다.

2) 내생적 구성주의, 외생적 구성주의, 변증법적 구성주의(Moshman, 1982)

구성주의를 급진적 구성주의와 사회적 구성주의로 분류하거나 급진적 구성주의에서 다시 약한 구성주의(개인적 구성주의)를 분류하여 설명하는 것이 일반적이지만, 모쉬멘의 경우 세 가지로 분류하여 설명한다. 그는 구성주의를 내생적(endogenous), 외생적(exogenous), 변증법적(dialectical) 구성주의로 구분한다. 먼저, 내생적 구성주의는 피아제의 인지발달이론에 근거한 것으로 지식 구성에서 중요한 역할을 담당하는 것은 개별 인식자라고 보며 지식 구성에 있어서 개별성 및 상대성을 강조하는 입장이다. 다음으로 변증법적 구성주의의 경우 비고츠키의 이론에 토대를 둔 것으로 지식의 구성에서 개별 인식 주체와 사회적 환경 간의 상호작용을 중요하게 본다. 한편 외생적 구성주의는 현대의 경험주의를 기저에 깔고 있는 이론으로, 지식을 구성하는 맥락에서 환경의 역할을 강조하는 입장이다. 따라서 오늘날 사회 학습이론이나 정보처리 이론에서 나타나는 인지적 개념화와 유사하지만, 행동주의와 비교할 때 인식 주체가 환경으로부터 지식을 능동적으로 '추출'(추병완, 2000:6)하는 것을 강조한다는 점이 차이가 있다고 할 수 있다. 한 마디로 외생적 구성주의는 내생적 구성주의에 비해 개별 인식 주체의 경험을 안내하는 환경의 역할을 더욱 강조했다는 것이 특징이라고 할 수 있다.

이상으로 본 것처럼 구성주의는 일반적으로 우리가 이해하고 있는 진리를 개별 인식 주체의 외부에 이미 존재하는 것으로 보는 인식론적 이해나 학습자의 능동적인 지식 구성의 가능성을 제안하는 교육학적 이해를 넘어서 다양한 입장을 내포하고 있다고 할 수 있다. 그러나 중요한 것은 이론 간의 관점의 차이 자체를 아는 것이 아니라 구성주의에 대한 다양한 관점의 차이와 특성을 살펴봄으로써 다양성을 수용하고(강인애, 1997b) 자신에게 적합한 구성주의의 실천 방법을 모색하는 것이라고 하겠다.

구성주의 유아교육 새롭게 보기 1:

구성주의 교육이론의 이해와 실천

II

구성주의 교육 이해하기

1

구성주의 교육의 특성

1990년대에 들어오면서 객관주의적 패러다임에 바탕을 둔 학습이나 수업 이론이 지닌 문제점이 제기되면서 그 대안으로 구성주의에 대한 관심이 높아지게 되었다. 본 장에서는 구성주의 교육의 특성과 원리에 대해 설명하기에 앞서 교수-학습과 관련한 구성주의의 기본 가정에 대해 알아보기 위해 객관주의와 구성주의의 특성을 비교하여 살펴보고자 한다. 먼저 객관주의(objectivism)는 인식자와 상관없이 자연 및 사회의 객관적 법칙이 존재한다고 보며, 따라서 개인은 이러한 객관적 · 보편적 진리를 학습함으로써 진리를 재현할 수 있다고 본다. 이에 비해 구성주의는 주관주의(subjectivism)적, 상대주의(relativism)적 인식론에 근거하고 있다. 상대주의란 절대적이고 보편적으로 존재하는 실재는 없고, 진리라는 것은 신념, 관심 등에 근거하여 정하는 어떤 기준에 따라 달라지는 상대적인 성격을 가진 것으로 본다.

〈표 3〉 객관주의와 구성주의의 특성 비교

	객관주의		구성주의	
의식	상징의 처리자, 자연의 거울		상징의 구성자, 자연의 해석자	
사고	외부 실재의 반영, 외부 실재에 의해 통제		지각과 구성에 근거하며 개인적, 사회적 경험을 통해 성장	
의미	인식 주체와 독립		인식주체에 의해 결정	
상징	실재를 표상, 외부 실재의 내적 표상		실재를 구성하는 도구, 내부 실재의 표상	
최종 목표	보편타당한 절대적 진리와 지식 추구		맥락에 적합한 의미 구성	
대표 유형	행동주의	인지주의	개인적 구성주의	사회적 구성주의
학습	외현적 행동의 변화	인지구조의 변화	개인의 주관적 경험에 근거한 의미 구성	사회적 상호작용을 통한 개인적 내면화를 통한 의미 구성
학습자관	외부 자극에 반응하는 수동적 학습자관	내적으로 정보를 처리하는 능동적 학습자관	개인과 환경 간의 상호작용을 통해 의미를 구성하는 능동적 학습자관	개인 간 상호작용을 통해 의미를 구성하는 능동적 학습자관
교수	지식과 정보의 전달	지식과 정보의 전달 또는 발견	인지적 갈등과 평형화를 통한 지식 구성	지식의 공동 구성
교사의 역할	관리자, 감독자	정보처리 활성자	촉진자, 안내자	촉진자, 안내자, 공동 참여자
학습자의 역할	정보의 수동적 수용자, 청취자	정보의 능동적 처리자	의미의 능동적 구성자, 해석자	의미의 능동적 공동 구성자, 해석자
핵심 개념	자극, 반응, 강화	정보처리, 정교화	개인의 구성적 과정	사회, 문화적 동화
주요 수업 전략	연습과 피드백	정보처리 전략	유의미한 아이디어와 자료 등과 상호작용할 수 있는 풍부한 학습기회 제공	유의미한 아이디어와 자료 등과 상호작용할 수 있는 풍부한 학습기회를 학습자들과 공동으로 구성

(조영남, 1998: 157을 재구성)

1) 구성주의 교육에서 학습과 학습자에 대한 이해

일반적으로 구성주의 교육에서는 학습의 과정에 능동적, 자율적으로 참여하는 학습자의 역할을 강조하고 있다. 행동주의 혹은 인지주의 등 객관주의 인식론에 근거한 전통적인 교수-학습관과는 다르게 구성주의 교수-학습관은 근본적으로 학습자 개인이 자신이 경험하는 세계적 맥락 내에서 자신에게 적합한 지식을 능동적으로 구성한다는 것을 강조한다(조영남, 1998). 기본 원리는 학습자가 능동적으로 환경과 상호작용하면서 지식을 구성하며, 안다는 것은 학습자의 경험에 기초하되, 경험에 의해 자신의 인지 구조를 계속 수정해 가는 것이라고 할 수 있다(박현주, 1998).

(1) 학습자에 대한 가정(Branscombe, Burcham, Castle, Surbeck, & Dorsey, 2005: 42-62)

학습자의 능동적 참여를 강조하는 구성주의 교육에서는 학습자에 대해 다음과 같이 가정하고 있다.

- 학습자는 외부에서 주어진 과제가 아니라 자신이 선택한 참 과제에 몰입할 때 학습할 수 있다.
- 학습자는 대상물을 직접적으로 조작하고, 다른 사람과 적극적으로 상호작용하면서 학습한다.
- 학습자가 현상에 관해 놀라고 호기심으로 자극될 때 학습한다.
- 학습자는 이전의 사고방식을 정교화하고 협응함에 따라 학습한다.
- 학습자는 자신의 앎을 타인에게 표상하면서 학습한다.
- 학습자는 문화와 사회 속에 있는 사람들로부터 학습한다.

(2) 구성주의의 학습에 대한 가정(박현주, 1998)

■ **구성된 학습**

지식은 경험으로부터 구성된다. 학습은 학습자가 지식의 내적 표상을 세우는 구성적 과정이다.

■ **개인적 해석**

어떤 공유된 실재란 없다. 학습은 세계에 대한 개인의 해석이다.

■ **적극적 학습**

학습은 경험의 기초 위에서 의미가 발달되는 적극적인 과정이다.

■ **협동적 학습**

의미는 다양한 시각으로부터 협상된다. 개념적 성장은 다양한 시각들을 공유하고 그런 시각들에 반응함으로써 내적 표상의 변화로부터 온다. 교육의 역할은 특별한 문제에 주어질 수 있는 다양한 시각들을 보여주기 위해 다른 사람과의 협동을 촉진하는 것이다.

■ **통합된 평가**

평가는 분리된 활동이 아니라 과업과 통합되어야 한다. 학습에 대한 평가는 학습자의 지식 구조가 내용 분야에서 사고를 촉진시키는 데 도구적 역할을 얼마나 하는지를 알아보는 것이다(Merrill, 1991: 46).

2) 구성주의 교육에서 학습의 원리

(1) 구성주의 이론에 근거한 학습 원리(Fosnot, 2001: 56–57)

■ **학습이란 발달의 결과가 아니다.**

학습 그 자체가 발달이다. 즉, 학습자의 개입과 자기 조직화를 요구한다. 따라서 교사는 학습자에게 질문하고 가능한 가설과 모형을 만들어 그 실현 가능성을 검증해 보도록 해야 한다.

■ **불균형은 학습을 촉진시킨다.**

'실수'는 학습자가 현재 가지고 있는 개념의 결과이므로 이를 줄이려고 노력하거나 회피하지 말아야 한다. 실제적이고 의미 있는 상황 속에서 도전과 개방의 탐구 기회를 부여함으로써 학습자가 받아들일 수 있을 뿐만 아니라 모순이 되는 여러 가지 가능성을 탐구하고 일반화시킬 수 있어야 한다. 특히 모순을 부각시키고 탐구하며 논의해야 한다.

■ **반성적 추상은 학습의 원동력이다.**

의미 구축자로서 인간은 경험을 표상 형태로 조직하고 일반화하고자 한다. 저널 쓰기를 통한 반성의 시간 갖기, 여러 가지 상징적 형태로 표상하기, 경험이나 전략을 통하여 관련성에 대한 토의하기 등은 반성적 추상작용을 촉진시킬 수 있다.

■ 공동체 내에서의 대화는 더 나은 사고를 유발한다.

학급은 활동과 반성 및 상호작용을 일으키는 대화의 공동체로 인식되어야 한다(Fosnot, 1989). 학습자는 또한 자신의 생각을 학급 공동 구성원들에게 알리고 입증하며 정당화시킬 책임이 있다. 제시된 아이디어들은 공동체 내에서 타당한 것으로 인정하는 경우에만 진리로서 받아들여지며, 나아가 '공유된 관점을 취하는' 수준으로까지 진전된다.

■ 학습은 구조의 발달로 향해 간다.

학습자가 의미를 만들고자 노력할 때, 관점의 구조적 변화가 이루어져 보다 '멋진 생각(big idea)'으로 발전된다(Schifter & Fosnot, 1993). 이러한 멋진 생각은 학습자가 구성한 것이며 경험을 통하여 일반화되고 때로는 이전 개념을 재조직하는 중심 원리가 된다.

(2) 구성주의 학습 원칙(강인애, 1997a: 20-25)

강인애(1997a)는 온건적, 급진적 구성주의를 포함한 개인적 구성주의와 사회적 구성주의의 특성을 종합하여 학습에 대한 원리를 다음과 같이 제시하였다.

■ 학습자의 학습에 대한 주인 의식

지식은 학습자의 주관적인 인지 작용과 학습자와 주변 환경과의 적극적인 상호작용을 통해 구성되어진다는 구성주의 인식론적 입장에 근거해 볼 때, 학습자는 지식 구성의 과정에서 주체가 된다. 따라서 학습 환경은 이러한 학습자의 적극적이고 자율적인 생각과 능력이 발휘될 수 있도록 조성되어야 한다. 학습에 대한 주인의식은 학습자가 자율적이고 책임감 있는 태도로 자신의 학습을 관리하고 학습의 목표와 방향을 설정해 나가는 것을 뜻한다. 학습의 전 과정에 주체적으로 참여하는 학습자의 경험은 단순히 개인의 인지적 성장을 이루는 것에 그치지 않는다. 나아가 개인의 학습에 대한 주체적 경험으로 인해 학습자는 특정 사회에서 사용하는 용어, 사고방식, 규범 등을 배우면서 자연스럽게 그 사회와 '문화적 동화(acculturation)'를 이루게 되며, 그 사회에서 요구되는 또 한 명의 새로운 '전문가'로서 탄생하게 된다(Rogoff, 1990). 즉, 개인은 자신의 인지 발달 외에도 사회적으로 합의된 지식을 구성하게 되는 것이다.

■ 자아성찰적 실천

자아성찰적(혹은 반성적) 실천(reflective practice)이란 자신의 경험에 대해 반성하고 경험의 의미와 중요성에 의문을 가지고 분석해 보는 인지적 습관을 뜻한다. 이를 통해 문제에 대한 해결방법과 대안에 대해 생각해 볼 수 있는 기회를 가짐으로써 인지적 성장이 이루어지게 된다.

■ **협동학습 환경의 활용**

협동학습은 구성주의를 극단적 개인주의와 구분되도록 하는 중요한 학습 원리이다. 사회적 상호작용을 통해 개인은 자신과 다른 다양한 생각과 견해를 가진 사람들과 만나게 된다. 협동학습의 과정에서 개인은 자신의 견해와 다른 사람의 견해를 조율해서 공동의 이해와 생각에 도달하는 경험을 하게 되고, 자연적으로 자신의 생각과 견해를 논리적으로 제시하는 기술을 익히게 된다.

■ **교사의 역할:** 학습자의 학습을 돕는 비계설정자(scaffolder)이며 배움을 같이 하는 동료학습자

구성주의 교육의 실천을 위해 가장 중요한 원리 중 하나는 지식 전달자로서의 전통적인 교사의 역할에서 벗어나 학습자가 필요로 하는 학습에 대한 도움을 주는 비계설정자로서의 교사의 역할이라고 할 수 있다. 그러나 급진적 구성주의의 관점에서 볼 때 단순히 비계설정을 해주는 조언자로서의 교사의 역할에서 나아가 학습자와 교수자의 전통적인 역할 구분을 버리고 함께 탐구하는 공동학습자로서의 역할 역시 강조되고 있다.

■ **구체적 상황을 배경으로 한 실제적 성격의 과제**

구성주의를 객관주의와 구분 짓게 하는 중요한 특성은 학습자의 지식 구성은 특정한 '상황(맥락)' 속에서 '실제적 성격의 과제(참 과제, authentic task)'에 참여함으로써 이루어진다고 보는 점이다. 학습자의 구체적인 경험과 관련 있는 상황을 고려하지 않고 일반적이고 보편적인 교수학습을 강조하는 객관주의와는 다르게 학습자가 자신의 삶의 경험 속에서 실제로 대면하게 되는 문제를 해결하는 경험을 통해서 학습이 이루어지는 것을 강조하고 있다.

2
구성주의 교육의 원리

1) 구성주의 교수-학습의 원리

구성주의 이론은 수업을 어떻게 해야 하는지, 교수-학습의 구체적인 방법에 대해 직접적으로 정보를 전달하는 이론이 아니며 오히려 교육이 어떻게 이루어져야 하는지, 교수와 학습이 어떻게 실천되어야 할지에 대한 하나의 철학적인 토대 역할을 한다. 구성주의 지식론의 핵심 원리는 지식은 학습자 개인에 의해 능동적으로 만들어지는 것이라는 주장과 무언가를 배워서 알게 된다는 것은 한 개인의 경험적 세계를 조직해 나가는 적응 과정이라는 해석이다(곽영순, 2001: 429). 이러한 점에서 구성주의 교육을 실행하는 데 있어서 중요한 점은 학습자들로 하여금 주변 세계를 직접적으로 경험하면서 자신의 이전 경험과 연계하여 지속적으로 자신의 해석을 구성하는 방법을 안내해 주는 것으로 따라서 맥락적이며 경험에 근거한 활동을 할 수 있는 환경을 마련해 주는 것이 필요하다.

따라서 구성주의 교육에서는 학습자의 지식 구성을 지원하는 교사의 역할 역시 강조되고 있다. 구성주의 교육에서 교사는 지식 전달자로서의 전통적인 역할을 벗어나 학습자의 학습을 지원하는 긴밀한 관계와 소통 속에서 역할하는 '참여 촉진자'로서의 역할이 강조되고 있다. 즉 전통적인 교육에서 교사는 지식을 직접적으로 전수하고 가르치는 역할을 수행했다면 구성주의 교육에서는 학습환경의 조성자이자 안내자, 동료 학습자로서 풍부하고 다양한 학습 환경을 조성하고, 상황적 맥락에 따라 참 과제(authentic task)를 제시함으로써 의미 구성을 촉진시키는 역할을 담당하게 된 것이다(조영남, 1998: 155).

(1) 구성주의 교수-학습 원리(조영남, 1998: 160-165)

구성주의 교육에서 중요한 것은 학습자로 하여금 자기조절과 반성, 추상을 통해 맥락에 적합한 지식을 구성하도록 하는 것이다. 구성주의 교육에서 가장 유의해야 할 것은 '주어진 맥락 속에서 사고활동을 촉진함으로써 지식의 능동적 활용, 추론, 창의적, 비판적, 반성적 사고, 문제해결, 인지적 유연성 등을 함양'(조영남, 1998: 159)하는 것이다. 조영남(1998)은 구성주의 교육학자들(Duffy & Cunningham, 1996; Fosnot, 1996; Savery & Duffy, 1996)의 문헌을 종합하여 아래와 같이 구성주의 학습 원리[1])를 제안하였다.

■ **학습은 상황에 기초하여 일어난다.**

의미 있는 학습을 위해서는 풍부한 맥락, 실세계 상황이 반영된 실재 상황에서 학습이 이루어져야 한다.

■ **학습은 구성적, 능동적 과정이다.**

학습은 학습자가 지식을 내적으로 표상하는 구성적 과정이자, 경험에 기초하여 의미를 개발하는 능동적인 과정이다.

---

1) 조영남(1998)이 제시한 학습원리 중 처음 다섯 가지의 원리는 Fosnot(2001)에서 인용한 내용과 비슷하여 생략하였다.

■ **학습은 도구와 상징을 통해 촉진된다.**

학습, 즉, 학습자의 의미 구성은 도구(물리적 수단과 기능)와 상징(언어, 수, 지도 등과 같은 기호학적 수단과 기능)의 활용을 통해 촉진된다.

■ **인간의 궁극적인 성취는 앎의 방법을 아는 것이다.**

앎과 학습의 과정을 스스로 점검하고 통제할 수 있는 능력인 반성적 사고는 학습에서 뿐만 아니라 인간 세계에 대한 이해를 확장하는 데 필수적인 능력이다.

더불어 학습자의 지식 구성을 촉진하는 학습환경 조성을 위한 교수원리를 아래와 같이 제시하였다.

■ **학습에 대한 책무성과 주인의식 및 자율성을 강화하도록 한다.**

학습은 지속적인 자기 구성의 과정이므로 학습자 스스로 자신의 학습에 대한 주인의식을 가지고 학습 과정과 결과에 대해 스스로 책임을 질 수 있도록 자율성을 강화해 주어야 한다. 이를 위해 학습 내용과 방법, 시기 등을 스스로 결정할 수 있도록 하고, 자신의 학습활동에 대해 스스로 평가할 수 있는 메타인지 기능을 개발할 수 있도록 도와주어야 한다.

■ **참 과제를 설계하여, 유의미한 맥락 속에서 학습이 이루어질 수 있도록 한다.**

학습자의 능동적인 참여를 이끌 수 있으려면 의미 있는 학습이 이루어질 수 있도록 학습자의 흥미를 고려하여 학습한 내용을 실제 삶에서 적용할 수 있는 참 과제를 제공해 주어야 한다. 학습자가 학습을 의미 있는 것으로 받아들이도록 하기 위해서는 학습의 필요성을 명료하게 밝혀주어야 하며 이를 위해 사전지식을 최대한 활용할 수 있도록 하고, 학습의 내용을 실제 상황과 관련시키는 것이 필요하다.

■ **고등 수준의 지식 구성에 역동적으로 참여하도록 한다.**

학습에 참여할 때 학습자는 다양한 방법을 활용할 수 있도록 하고, 문제에 대한 예측, 해석, 가설을 학습자 스스로 설정해 보도록 하며, 지속적인 탐구와 실험을 통해 가설을 검증해 보도록 해야 한다. 더불어 다양한 관점에서 문제를 재조명해 보도록 격려해야 한다.

■ **협동학습을 통해 사회적 상호작용을 촉진하도록 한다.**

대화적, 사회적 과정으로서의 학습이 촉진될 수 있도록, 협동적인 학습 환경 구축이 중요하다. 구성주의에서 협동학습은 학습자 간 상호작용을 통해 특정 상황이나 문제에 대해 다양한 시각으로 볼 수 있도록 해주고, 사회적 기능을 배울 수 있도록 한다.

■ **비위협적이고 안전한 학습 환경을 제공한다.**

학습자가 자신의 아이디어를 실험해 보는 과정에서는 실수가 따를 수 있다는 것을 이해하고 학습자가 편안한 분위기에서 능동적으로 탐색하고 실험할 수 있는 학습 환경을 만들어 주어야 한다.

■ **학습내용과 학습의 과정 및 성과에 대해 학습자 스스로 반성해 보도록 격려한다.**

반성은 학습자 스스로 자신이 학습한 내용과 학습활동의 과정과 성과에 대해 평가해 봄으로써 고차적인 사고 기능을 정련하고 강화하는 데 도움이 된다. 또한 학습자가 의사결정과 문제해결 방법을 되돌아보고 더 나은 방법을 생각해 볼 수 있는 기회를 제공해 줄 수 있다.

■ **다양한 관점들을 경험하고 평가할 수 있는 기회를 제공한다.**

실제 세계에서 부딪히는 문제들은 단순히 한 가지의 접근법으로 해결하기 어려운 경우가 많다. 따라서 학습자는 자신의 이해를 검증하고 강화하기 위한 수단으로 다양한 대안들을 경험해 보고 평가해 볼 수 있도록 하는 것이 좋다. 더불어 교사 역시 학습자의 아이디어를 학습자의 관점에서 조망하고 존중해 줄 수 있어야 한다.

■ **다양한 표현 양식을 활용하도록 격려한다.**

학습자가 풍부한 경험을 할 수 있도록 글쓰기, 토론 등의 전통적인 방식 외에도 사진, 음향, 컴퓨터 등 다양한 매체를 활용한 표현 방법을 활용할 수 있도록 격려하는 것이 좋다.

■ **실제 수업의 맥락에서 학습자의 학습을 평가한다.**

단순하게 목표의 성취 여부를 시험이라는 제한된 맥락으로 평가하는 전통적인 평가 방식이 아니라 창의적, 비판적 사고와 문제해결 능력 등의 고차적인 교육 목적의 성취와 복잡하고 실제적인 맥락에서의 능동적인 활용 여부를 평가할 수 있도록 실제 학습자의 경험을 다양한 수행평가, 포트폴리오 등의 다양한 방법을 활용해서 평가해야 한다.

(2) 구성주의 유아교육의 원리(Devries, San, Hildebrandt, Edmiaston, & Sales, 2007; Devries & Zan, 1994)

유아교육 현장에서 구성주의 교육의 실천과 관련한 자료 중 많은 부분이 드브리스와 동료들의 저작이라고 할 수 있다. 그들은 전통적으로 놀이중심 교육이 강조되는 유아교육 현장에서 구성주의 교육을 실천하기 위해서는 사회도덕적 목표와 인지적 목표가 통합되도록 하는 데 초점을 맞출 것을 제안한다. 다시 말해서 구성주의 교실에서는 무엇보다도 교사가 학습자를 존중하고 학습자의 관점을 고려하는 사회 · 도덕적 분위기를 만들려는 노력과 함께 학습자와 협동하고 공동체 의식을 창출하며 학습자의 인지발달을 조장할 수 있도록 활동 과정에서 학습자의 사고를 분석하고 인지발달을 조장하려고 노력해야 한다고 말한다(Devries, San, Hildebrandt, Edmiaston, & Sales, 2007).

이러한 구성주의 교육의 원리를 유아교육 관점에서 보면, 유아들이 직접적으로 지식을 구성할 수 있는 맥락으로서 놀이를 강조하게 된다. 그러나 놀이에 대한 관점이 다양하고 이에 따라 성인의 역할에 대한 이해도 다양하게 제시되는 만큼, 구성주의 유아교실에서 놀이가 어떻게 유아들의 능동적인 참여와 지식 구성을 촉발할 수 있는지에 대해 이해할 필요가 있다. 드브리스와 동료들(2007)은 놀이중심 교육을 하는 교실을 네 가지 유형으로 구분하여 설명하는데, 이 중에서 두 개 교실은 학습 자체가 주목적이며, 놀이는 학습의 결과를 긍정적으로 향상시키기 위해 활용되는 부수적인 역할을 담당할 뿐이다. 반면 다른 두 개 교실에서는 학습보다는 유아들의 발달을 중요하게 간주한다. 하지만 이 두 교실은 단순하게 유아들이 자신의 방식대로 놀이를 경험을 할 수 있도록 존중하는 교실과 유아들의 자유로운 놀이 경험이 사회 · 정서 · 도덕 · 지적 발달과 통합되도록 촉진하는 교실로 구분된다. 이 중에서 구성주의 유아교실은 가장 나중에 제시된 교실로, 여기에서 교사는 유아들의 자유로운 놀이 경험 속에서 환경과 또래 간 상호작용이 일어날 수 있도록 허용과 격려를 할 뿐만 아니라 유아들의 인지발달을 촉진하는 중요한 역할을 담당하게 된다.

드브리스와 동료들이 제안한 구성주의 교수 원리는 다음과 같다.

■ 협동하는 사회도덕적 교실 분위기를 확립한다.

드브리스와 동료들(2007)은 협동하는 사회도덕적 분위기를 확립하는 것을 구성주의 유아교육을 위한 가장 중요한 교수 원리로 손꼽으면서 '상호신뢰가 지속적으로 실현되는 협동하는 사회도덕적 분위기'가 형성될 때 다른 교수 원리가 실현될 수 있다고 설명한다. 구성주의 교육에서는 아동과 교사 간 상호 존중의 태도가 확립되는 것이 중요하며, 이때 존중은 타율적으로 혹은 복종에 따른 것이 아니라 자기규제적 도덕 법칙을 따르면서 이루어져야 한다. 즉, 교사는 아동의 관점을 고려하고, 아동 또한 타인들의 관점을 고려함으로써 상호 존중하는 분위기에서 진정한 협동이 일어날 수 있다.

■ 유아들의 흥미에 맞게 한다.

- 유아들이 무엇을 자발적으로 하는지 관찰하기: 구성주의 교육을 실천하기 위해서는 유아들의 호기심과 흥미를 파악할 수 있어야 한다. 유아들은 자기가 궁금한 게 무엇인지를 항상 말로 표현하는 것이 아니므로 교사는 사려 깊은 관찰을 통해 유아들이 품은 의문을 알아내야 한다.

- 마음을 끄는 활동을 제시하기: 유아들에게 자료나 활동을 제공한 후 유아들이 관심 있게 자료를 활용하거나 활동에 참여하는지 관찰하고 질문할 수 있다.

- 유아들이 배우기 원하는 것에 대한 생각 알아내기: 교사가 유아의 이야기를 귀 기울여 듣고 의견을 존중해 줄 때 유아들은 편안하게 자신이 생각하는 것을 말할 수 있고 이를 통해 교사는 유아들의 생각을 알아낼 수 있다.

- 유아들이 선택할 수 있는 충분한 기회를 제공하기: 자료, 놀이, 활동 등 유아들이 스스로 선택할 수 있는 기회를 제공함으로써 유아들의 흥미를 이해할 수 있다.

■ **지식의 유형에 적합하게 가르친다.**

교사가 개입할 때에는 지식의 유형(물리적 지식, 논리수학적 지식, 사회적 지식)에 적합하게 교수하도록 한다. 물리적 지식을 위해서 교사는 유아들이 물체를 직접 조작해 보고 반응을 발견할 수 있는 기회를 제공해 주어야 하고, 논리수학적 지식을 위해서는 유아들이 경험을 통해 자신의 지식을 재조직할 수 있게 지원해야 하며, 사회적 지식을 위해서는 유아들에게 말을 하거나 보여주는 방법을 활용할 수 있다.

■ **유아들이 도전받을 수 있는 내용을 선택한다.**

교육의 내용은 유아들에게 도전감을 지속적으로 불러일으킬 수 있는 것이어야 한다. 교육 내용을 선정할 때에는 심층적 탐구로 발전될 수 있는 본질적 개념들에 중점을 두고, 연관된 자료, 활동, 내용이 폭넓은 발달 수준에서 접근 가능해야 한다.

• 심층 탐구를 가능하게 하는 본질적 개념들에 대한 경험에 역점 두기: 활동을 계획할 때 생각할 만한 가치가 있는 활동인지, 혹은 깊이가 있는 내용을 다루는지를 점검하는 것이 필요하다. 단순히 색깔 이름을 알아보는 것과 같은 활동에서는 심층 탐구가 불가능하다.

• 다양한 발달수준에 적합한 활동과 자료를 제공하기: 다양한 발달수준, 특별한 요구를 가진 유아들도 흥미를 가질 수 있는 다양한 활동과 자료를 제공해 주는 것이 필요하다.

• 유아들이 구성할 수 있는 규칙성과 관계의 측면에서 활동 분석하기: 교사는 유아들이 단순한 규칙을 이해하고 이것이 점진적으로 보다 복잡한 관계로 구성되어 갈 수 있도록 도와야 한다.

■ **유아들의 추론 능력을 증진한다.**

유아들의 사고를 확장시키기 위해 교사는 직접적으로 개입하여 질문을 할 수 있다. 구체적으로 교사는 유아들이 진짜 무엇을 생각하는지를 발견하기 위해서, 그리고 유아들의 인지적 불평형을 느낄 수 있는 기회를 제공하기 위해, 필요한 정보를 얻기 위해서, 유아들의 목적을 고취하여 활동에 몰입할 수 있도록 하기 위해서, 상위 수준의 추론을 모델링해 주기 위해서 적절한 질문과 개입을 할 수 있다. 그러나 너무 많은 질문이나 개입을 할 때 유아들이 활동에 흥미를 잃을 수도 있으므로 주의해야 한다.

■ **유아들에게 탐색과 심층적 몰입에 필요한 적정 시간을 제공한다.**

유아들의 흥미를 존중하고, 유아들이 적극적으로 탐색하고 심층적으로 몰입할 수 있도록 적정 시간을 제공해야 한다.

■ **진행 중인 문서화 작업과 평가를 교과과정 활동과 연결시킨다.**

학급에서 이루어지는 평가와 모든 문서화 작업은 진행 중인 유아들의 놀이 경험과 활동과 연계되도록 한다.

■ **사회적 상호작용이 활발하게 일어날 수 있는 환경을 만들어 준다.**

학습자는 자신의 앎을 타인에게 표상하면서 학습한다. 따라서 개별 학습자들이 활발하게 환경과 다른 사람들(또래와 교사)과 상호작용하면서 능동적으로 지식을 구성할 수 있는 교실문화 구축이 선행되어야 한다.

이와 비슷하게 드브리스와 젠(1994)은 '아동들의 지식 구성을 증진하는 최상의 교수 방법'으로 아동의 '흥미'에 개입하고, 모든 암중모색과 실수를 포함하는 적극적 '실험'을 격려하며, 성인과 유아, 그리고 유아들 간의 '협동'을 장려할 것을 제안한다(Devries, San, Hildebrandt, Edmiaston, & Sales, 2007: 51–52에서 재인용).

(3) 구성주의 유아교실의 원리(곽향림, 2015: 48-77)

구성주의 교수학습의 주요 원리로 곽향림(2015)은 흥미, 실험, 협동, 세 가지를 제시한다. 그녀는 "유아들에게서 나타나는 흥미와 요구, 실수를 포함한 실험, 그리고 갈등과 협동은 유아가 지능과 지식을 구성해 가는 구성주의 교수학습의 과정을 가장 잘 보여주는 요인"(곽향림, 2015: 48)이라고 설명한다. 즉, 유아의 진정한 흥미를 발견하고 이를 지원해 줌으로써 스스로 자신의 아이디어를 적극적으로 실험해 볼 수 있도록 하고, 이러한 주체적인 행동을 통해 유아는 지식을 구성하게 된다는 것이다. 이때 사회적인 갈등과 협동의 경험이 더해질 때 유아들의 의미 있는 학습이 실현될 수 있다고 본다.

■ **흥미**

지식 구성의 과정에 학습자가 능동적으로 참여하기 위해서는 참여하는 활동에 대한 흥미를 가지는 것이 무엇보다 중요하다. 하나의 활동이 발달과 학습에 기여하려면 학습자의 목적이 있어야 하며(Devries et al., 2007) 유아가 흥미가 있을 때 무언가를 알아내고자 노력하면서 새로운 지식을 구성하고 이해하는 데 필요한 힘과 에너지를 투입하게 된다. 즉, 흥미라는 정서적 요소 없이는, 유아는 경험으로부터 의미를 만들어내는 구성적 노력을 하기 어렵다는 것이다. 이러한 관점에서 볼 때 유아들의 흥미는 스스로 활동에 몰입하게 하는 원동력이자 자신의 아이디어를 지속적으로 검증해 보고 궁금한 것을 해결하려고 하는 추진력이라고 볼 수 있다.

■ 실험

구성주의 관점에서 실험은 학습자가 자신의 아이디어를 직접 시도해 보는 것을 의미한다. 성공과 실패를 경험하더라도 직접 자신의 아이디어를 다양한 활동으로 시도해 봄으로써 자신의 목적을 추구하게 된다. 학습자는 자신의 아이디어에 대해 가설을 세우고 가설을 검증해 보는 과정을 반복하면서 문제에 부딪히고 인지적 불평형이 일어날 수 있지만 자신이 정말 궁금해서 참여한 실험일 때 지속적인 참여와 주도적인 행동으로 이어지면서 평형화와 지식 구성으로 이어질 수 있다. 따라서 중요한 것은 학습자가 자신의 호기심에 의해 주도적으로 실험에 참여하도록 하는 것이다. 또한 유아가 자발적으로 자신의 아이디어를 실험하는 과정에서 실수나 오개념이 나타나더라도 교사는 이를 존중해 주고, 실험을 계속 해 나가도록 격려해 주어야 한다. 유아가 진정한 흥미를 느끼고 정말 궁금해서 실험을 하게 될 때 지식 구성이 일어날 수 있다.

■ 협동

구성주의 교육에서는 상호신뢰를 바탕으로 협동하는 사회도덕적 교실 분위기의 형성이 중요하다. 피아제는 성인과 유아가 협동 관계에 있을 때 자율적 도덕성 발달이 촉진되고, 자율적 지식 구성이 용이해진다고 본다. 곽향림(2015)은 협동적인 교실 분위기를 만드는 것이 구성주의 교육을 실천하기 위해 첫 번째로 선행되어야 할 '제1 원리'로 보았다. 교사의 권위와 학급 내 유아들과의 관계 유형에 따라 교실 분위기는 달라지고, 유아들의 자율적인 지식 구성에의 참여에 영향을 주게 된다. 구성주의 교육의 실천을 위해서 교사는 권위를 내려놓고 유아들을 공동체의 일원으로 보면서 상호존중 하는 태도를 바탕으로 민주적으로 문제를 해결하도록 노력해야 한다.

구성주의 유아교육 새롭게 보기 1:

구성주의 교육이론의 이해와 실천

III

구성주의 유아교육 실천을 위해 고려하기

1
구성주의 교육에 대한 오해와 재이해의 필요성

1) 구성주의 교육의 실천을 위한 교사의 역할

(1) 유아를 존중하기

구성주의 교육은 학습자 중심의 교육 방법 중 하나로 개별 학습자의 지식 구성을 강조한다. 따라서 학습자의 흥미와 아이디어를 존중하고 능동성, 자율성, 주도성을 강화해 주는 것을 구성주의 교육의 실천을 위한 주요 교사 역할로 본다.

■ **능동성, 자율성, 주도성을 신장시키는 교사**

유아의 능동적인 지식 구성을 위해 교사는 유아의 사고와 사고의 발달에 대한 지식에 근거하여 유아의 자발적 노력을 이끌어 주어야 한다. 교사는 유아들이 자율적으로 선택하고, 활동에 참여할 수 있는 기회를 주고, 자기주도적인 실험을 통해 문제를 해결할 수 있도록 자율성을 존중해 주어야 한다.

■ **흥미, 감정, 가치, 아이디어를 존중하는 교사**

드브리스와 동료들(2007)에 따르면 구성주의 교실에서 교사는 유아들이 무엇을 하고 싶어 하고 궁금해 하는지를 알아내기 위해 유아들이 자발적으로 하는 일을 관찰하거나 매력적인 활동을 제시할 수 있고, 유아들이 배우고자 하는 것에 대해 생각을 끌어내거나 유아들이 선택할 수 있는 충분한 기회를 제공하여야 한다. 유아들이 흥미를 느낄 때 적극적으로 실험하고 유아들과 협동하여 함께 문제를 해결해 나갈 수 있다. 이처럼 유아들의 흥미나 감정, 가치, 아이디어를 존중하는 것은 구성주의 교실에서 교사에게 중요한 역할 중 하나라고 할 수 있다. 그러나 구성주의 교사로서 촉진해야 할 유아의 추론적 사고의 발달 혹은 고등정신 기능의 발달을 위해 모든 유아들의 흥미나 아이디어를 존중해 주지 못하는 상황이 발생하거나 특정 활동에서 유아들의 흥미를 강조해야 할지 아니면 인지적 발달을 위한 중재가 더 필요할지 교사의 갈등이 발생할 수도 있다는 점이 제기되기도 한다(김지민, 2010).

구성주의 관점에서 볼 때 학습의 과정에서 학습자는 언제나 그 주체로 존중되어야 하고 학습자의 심도 있는 탐구를 통해 의미 있는 지식을 구성할 수 있도록 지원하는 것이 교사의 역할이라고 할 수 있다. 그러나 학습자가 개인적으로 구성하는 지식만을 존중해 주다보면 오랫동안 인류가 축적해 놓은 체계적인 지식을 개별 학습자가 제대로 이해할 수 없거나 결코 구성하지 못할 수도 있다는 비판도 제기되고 있다(곽영순, 2016). 그러나 학습자 스스로 의미를 구성한다는 것에서 중요한 것은 학습자가 구성하는 지식의 내용이나 성격과 같은 결과적 측면이 아니라 학습자가 능동적으로 학습의 과정에 참여해서 스스로 점검하고 검토할 기회를 가짐으로써 유의미하고 가치 있는 지식을 이해하고 내면화한다는 점이다. 이러한 맥락에서, 학습자가 자신의 학습을 통제하고 감독하는 주체적인 역할을 한다는 것에 중요한 의미를 두는 것이 필요하다. 그리고 실제 생활 속에서 개인의 의미구성은 어떤 문제를 해결하는 방법에 대해 단 하나의 표준화된 접근이 있는 것이 아니라 학습자에 따라 다양한 방법이 고려될 수 있다는 것을 보여줌으로써 의미 있는 학습이 이루어지도록 할 수 있다.

(2) 유아의 사고를 촉진하기

구성주의 교육에서 학습자의 주인의식과 자율성 강화의 중요성이 강조되면서 교사의 역할을 수동적 관찰자로 오해하는 경우가 많다. 즉, 교사는 최대한 학습자인 유아에게 개입하지 않고 유아의 관점을 수용하여 주는 아동중심 교육(Dahlberg, Moss, & Pence, 1999)을 실천하기 위해 교사의 역할을 극단적 수동성 혹은 방임으로 오해하는 경우가 발생할 수 있는 것이다(오문자, 2012). 구체적으로, 교사는 학습자가 잘못해도 나무라지 않는다든지, 학습자의 행동을 언제나 수용해야 한다는 것과 같은 식으로 구성주의 교사의 역할을 잘못 이해할 수 있다(곽향림, 2008).

구성주의 교육의 실천을 위해서는 유아의 흥미와 아이디어를 존중하고 스스로 능동적으로 활동에 참여하도록 하는 것 외에도 추론적 능력을 증진할 수 있도록 적절하게 개입하는 것 역시 필요하다. 단, 교사의 개입은 활동이 진전되지 않고 유아 스스로 앞으로 나아갈 수 없다고 판단될 때 이루어져야 한다. 즉, 교사의 개입은 교사의 조력 없이 유아들이 할 수 있는 것을 넘어 진전하도록(beyond move) 스캐폴딩을 하거나 도와주는 것으로 학습자가 능력을 발달시킴에 따라 교사가 제공하는 안내는 점진적으로 철회되어야 한다. 오직 필요할 때에만 학습자를 안내해 준다는 이러한 내용때문에 구성주의 교육에서는 교사가 최대한 개입을 자제하고 안내를 제공해 주지 않는다는 오해의 근원이 되었을지도 모른다(Tobias & Duffy, 2014: 5).

구성주의 교사의 역할에 대해 김지민(2010)은 '유아들이 스스로 지식을 문제시하도록 촉구하고, 새로운 지식을 구성하는 활동을 조력'해야 하며 이러한 관점에서 구성주의 교육에서 촉진자, 협력자, 안내자의 역할이 강조된다고 제시한다.

■ '사고하도록' 가르치는 교사

교사는 유아들에게 직접적으로 교수하거나 길들이기보다 유아들이 생각하고 상상하고 반성하도록 촉진해야 한다.

■ 오개념 존중, 인지적 갈등을 조장하는 교사

인지적 갈등은 유아들이 자신의 도식을 사용해서 기대했던 바람직한 결과를 도출하지 못할 때 생겨나는 인지적 · 정서적 상황으로 유아들이 알아가고자 하는 것이 있을 때 조절을 통해 인지의 재평형화가 이루어질 수 있도록 한다. 따라서 유아가 가지고 있는 오개념을 바로 수정해 주기보다 스스로 인지적 갈등을 느끼고 대안을 찾아보거나 실험을 통해 오류를 스스로 바로잡을 수 있는 기회를 제공해 주어야 한다.

■ 반성적 추상, 과학적 추론을 일으키는 교사

피아제는 특정 감각과 혹은 운동 신호들로 구성된 패턴들에 대한 모든 추상화를 '경험적'이라고 부른다. 따라서 아동이 감각운동 신호들을 연합하여 구성한 대상 개념들은 '경험적 추상화'이다. 한편, '반성적 추상화'란 특정 감각에 의존하지는 않지만, 주체가 행한 것에 의해 결정된 개념구성의 결과는 피아제의 용어로 '조작적'이다. 따라서 '조작(operating)'은 항상 마음의 조작이며, 그것은 관찰 불가능하다. 이들 심적 과정에 관한 성찰이 생성한 모든 결과들은 '반성적 추상화'라고 부른다. 반성적 추상화는 경험 세계에 대한 개념적 조직화를 풍부하게 하는 특별한 결과를 낳게 한다(von Glasersfeld, 1999; 134). 폰 글라저스펠트에 따르면 경험적 추상을 통해 물리적 대상의 속성을 구성할 수 있는 반면에, 수학 및 과학 개념의 구성과정은 반성적 추상을 통해 이루어진다는 것을 설명한다. 따라서 구성주의 교실에서 교사는 물리적 자료를 풍부하게 제공해 주는 것에 그치지 않고 유아들에게 제공하는 활동이 심층적으로 탐구할 수 있는지를 검토하고 적절하게 질문하면서 반성적 추상 혹은 과학적 추론의 경험을 할 수 있도록 지원해야 한다.

■ **사회적 상호작용을 지원하는 교사**

피아제(1995: 210)는 유아 간 상호작용 속에서 불평형을 느낄 때 조망수용과 탈중심화가 일어날 수 있으며 이를 통해 자신과 다른 의견을 의심하거나 증명하고자 함으로써 논리발달이 일어날 수 있음을 이야기한다. 그리고 비고츠키(1978)에 따르면 개인 간 상호작용에서 개인 내 심리작용으로 변화하면서 인지기능 발달이 일어난다. 종합적으로 볼 때, 구성주의 교육의 실천을 위해서는 유아들 간 상호작용이 활발하게 일어날 수 있도록 지원하는 것이 중요하다.

구성주의 교육에서는 개별 학습자의 학습에서의 주체적인 역할과 학습이 일어나는 맥락에 대한 존중이 중요하다. 따라서 교사는 학습자가 능동적으로 탐구하고 주변의 인적 · 물적 환경과 상호작용하는 과정에서 의미 있는 학습을 할 수 있도록 안내하고 촉진하는 역할을 해야 한다.

(3) 사회도덕적 교실 공동체 만들기

구성주의 교육을 실천하기 위해 교사는 유아의 지식 구성이 원활하게 일어날 수 있도록 사회도덕적인 교실 분위기를 만들 수 있도록 노력해야 한다. 이러한 교실은 교사와 유아의 상호 존중을 통해 이루어질 수 있으며 이러한 점에서 곽향림(2008; 2015)은 교실공동체 만들기의 중요성을 강조한다. 공동체 내에서 교사는 유아와 마찬가지로 한 명의 구성원이며 따라서 교사는 자신의 권위를 내려놓고 유아와 함께 배우고 가르치며 반성적 사고를 통해 유아의 삶을 위한 실천적 지식을 발전시켜 나가야 한다. 곽향림(2008)에 따르면 공동체 교실을 지원하는 구성주의 교사는 아동중심도 교사중심도 아닌 상호중심의 교육을 실천하면서 공동체 교실의 구성원으로서의 역할을 해야 한다. 더불어 끊임없이 반성하고 연구하는 연구자의 역할을 해야 한다.

곽향림(2008; 2015)은 교실 공동체를 만들기 위한 교사의 역할을 아래와 같이 제시하였다.

■ **유아와 함께 배우고 가르치는 교사**

교사는 가르치고 학습자는 배우는 전통적인 교실과는 다르게 구성주의 교실에서는 교사와 유아가 함께 가르치고 배울 수 있어야 한다. 구성주의 교실에서 교사는 유아에 비해 모든 것을 아는 권위 있는 모습이 아니라 유아들과 마찬가지로 구성원의 한 명으로 유아와 같이 배우고 상호교류를 하면서 함께 의미를 만들어 간다.

■ **반성적 사고를 통해 유아의 삶을 위한 실천적 지식을 발전시켜 가는 교사**

교실 공동체를 만들기 위해 교사는 일상적인 일과에 대해 공동체 교실의 측면에서 비판적으로 해석하고 의미를 부여하는 과정을 거쳐서 자신의 실천 행위를 변화시킬 수 있다. 즉, 공동체 교실의 교사는 구성원으로서 자신의 실천 행위를 지속적으로 돌아보고 공동체의 관점에서 해석해 봄으로써 자신의 공동체 의식을 변화시켜 나갈 수 있다.

■ **유아의 불공평한 삶을 들여다보고 지원해 주려는 교사**

교실 공동체를 만들기 위해 교사는 유아 간 공평하지 못한 상황이 발생하는지를 지켜보고 개입할 수 있다. 특히 자기주장이 약하고 목소리가 작은 아이들의 의견이 받아들여지지 않거나 반대로 목소리가 큰 아이가 또래 사이에서 리더 역할을 하거나 자신의 의견만을 주장하는 경우가 생길 수 있으므로 교사는 이러한 불공평한 관계가 있다면 적절히 개입하는 것이 필요하다.

■ **유아의 놀이 속에서 함께 삶을 즐기며 의미를 발견하는 교사**

교사는 유아와 함께 놀이에 참여하고 즐기면서 공유경험을 만들어 가고 이를 통해 서로 간 신뢰와 애착을 형성할 수 있다. 놀이 속에서 교사는 유아들의 표정이나 행동, 대화 내용을 유심히 관찰할 수 있고, 정서적 교류를 맺음으로써 긍정적인 관계를 맺을 수 있다. 교사와 유아 간 만들어지는 정서적 유대관계는 상호존중과 상호신뢰감 형성을 통해 교실 공동체 만들기에 역할을 하게 된다.

■ **유아와 갈등 국면을 맞아 협동적으로 해결하려고 노력하는 교사**

교사도 한 명의 구성원으로서 속상하고 화난 기분을 표현할 수 있다. 권위적인 교사는 자신의 감정을 표현하기보다 유아들을 나무라거나 혼낼 것이다. 교사가 유아 때문에 속상하거나 화가 나는 경우, 그리고 신체적으로 힘든 경우가 발생하게 되면 교사는 솔직하게 자신의 감정과 상황을 설명하고 문제를 차근히 해결해 나가도록 노력해야 한다. 그러나 필요할 때는 다른 교사를 중재자로 요청할 수도 있다.

2) 유아교실에서 '흥미', '실험', '협동'의 원리 실천

구성주의 이론은 교사의 역할이나 교수방법에 대한 구체적인 원리 등을 제시하지 않으며 어떻게 학습이 이루어지는지에 대한 이해를 제시함으로써 이를 지원하기 위한 교사의 역할에 대해 생각해 볼 수 있도록 한다. 유아교실에서 유아들이 능동적으로 경험하고, 이를 통해 경험적 추상화를 이루고, 인지갈등을 느끼더라도 지속적으로 지적 호기심을 발휘할 때 인지 능력이 길러질 수 있다. 곽향림(2015)은 구성주의 교실의 원리로 흥미, 실험, 협동 세 가지 원리를 제시한다. 유아교사는 이러한 원리들을 충실히 수행하기 위해서는 각각의 원리들이 의미하는 바가 무엇인지를 이해하고 자신의 역할에 대해 생각해 보는 것이 필요하다.

(1) '흥미', '실험', '협동'의 의미

'흥미'란 '어떤 대상에 마음이 끌린다는 감정을 수반하는 관심'(표준국어대사전) 혹은 '특정한 활동에로의 욕구'(서울대학교 교육연구소, 1998) 등의 의미를 가진 용어이다. 그러나 듀이(Dewey)에 따르면 순간적이고 표면적인 흥미와는 구분되는 '진정한 흥미'가 존재(2010)하며 구성주의 교육에서 이루고자 하는 것은 학습자의 진정한 흥미를 발견하고 이를 통한 경험과 지식 구성을 장려하는 것이다(곽향림, 2015). 학습과정에 학습자가 능동적, 자발적으로 참여하여 유의미한 경험을 할 것을 표방하는 학습자 중심교육이나 구성주의 교육 등에서 학습자의 흥미는 중요한 문제이다.

드브리스와 잰(1994)이 학습자가 흥미 있어 하는 상황에 개입하는 것을 '학습자의 지식 구성을 증진할 수 있는 최상의 방법' 중 하나로 꼽고 있는 것은 구성주의 교수-학습의 기본적 전제가 학습자가 능동적으로 주변 세계를 탐색하면서 자신에게 의미 있는 경험 속에서 세계에 대한 이해를 확장시켜 나갈 수 있도록 하기 위한 학습자 자신의 내적 동기 유발에 흥미가 필수적이기 때문이다. 곽향림(2015: 49)에 따르면 흥미는 학습자가 활동에 지속적으로 몰입하여 자발적으로 실험하고 지식을 구성하도록 하는 데 힘을 불어넣는 요소이다. 그녀는 유아의 흥미를 반영하기 위해서 교사는 유아의 흥미와 관련하여 유의미한 교육적 경험으로 확장될 수 있는 적절한 자료와 질문을 제공해 주는 것이 중요함을 강조한다. 학습자의 흥미는 교육과정을 계획할 때 활동의 유형, 자료, 교사의 개입을 결정하게(곽향림, 2015: 51)하며 때로 교사는 '적절한 자료와 질문을 통해 교사가 의도한 활동에 대해 유아들의 흥미를 불러일으'(곽향림, 2013: 53)킬 수 있어야 한다고 제안한다.

다음으로, '실험'이란 사전적으로 '실제로 해 봄'이라는 의미를 지니며, '일정한 조건을 인위적으로 설정하여 기대되는 현상이 일어나는지를 조사'하는 일을 뜻한다. 구성주의 교육에서 '실험'이란 학습자가 '어떤 아이디어를 시도해 보다가 실패하면 다시 시도해 보는 것'(Kamii & Devries, 1993: 곽향림, 2015에서 재인용)을 뜻한다. 실험을 통해 학습자는 직접 물체를 조작하거나 아이디어를 탐구해 보면서 지식을 구성하게 된다(유경숙, 2005).

그러나 여기에서 중요한 것은 학습자의 흥미와 호기심에서 실험이 시작되어야 하며, 실험의 과정에서도 지속적으로 학습자가 자발적이고 능동적으로 자신의 호기심에 대한 답을 찾아가야 한다는 것이다. 다시 말해서 '실험은 교사 주도가 아니라 유아 자신의 아이디어로'(곽향림, 2015: 56) 이루어질 수 있도록 지원해 주어야 한다는 것이다. 드브리스와 젠(1994)은 구성주의 교육의 실천을 위해 교사는 학습자의 흥미, 감정, 가치, 아이디어를 존중해 주는 사회도덕적 교실 분위기를 조성해 주는 것이 중요함을 강조한다. 실험을 시작하게 되는 계기도 답을 찾는 과정도 그리고 결과로 얻는 답 역시 학습자 자신의 아이디어를 실제로 실행에 옮겨 보는 과정이 되어야 하는 것이다. 유아가 정말 궁금해서 스스로 시작하고 지속적으로 참여하는 실험이 아니라면 진정한 지식 구성이 일어날 수 없으며 실험에 참여하는 학습자의 흥미 역시 지속되기 어렵다.

마지막으로 '협동'이란 '서로 마음과 힘을 하나로 합함'이라는 뜻을 가진 용어이다. 구성주의에서 협동이란 학습자들이 서로 지원하면서 흥미를 이어 나가고 함께 공동작업을 하면서 지식을 구성한다는 의미를 가진다. 비고츠키(1978)에 따르면 사회적 동물로서 인간은 언어를 매개로 한 사회적 상호작용을 통해 사회와 문화에 내재된 지식을 전수받고 이를 내면화함으로써 고등지식을 구성하게 된다. 그는 특히 '학습의 근본적 특성은 근접발달지대를 창출하는 것'(Vygotsky, 1978: 90)으로 보면서 이 지대 내에서 지식의 사회적 구성이 가능함을 설명한다. 그러나 협동의 문제는 사회적 상호작용의 과정에서 발생하는 갈등을 민주적으로 해결하기 위해서도 필수적이다. 교사와 학습자 간, 그리고 학습자 간 상호존중하는 교실 문화를 형성할 때 교실공동체가 만들어 질 수 있다.

민주적인 교실 공동체 형성을 위해 구성주의 교사는 학습자가 정서적으로 안정감을 느끼고 다른 학습자들과 상호 이해를 통해 협력하는 문화를 만들어 가도록 도와야 한다(유경숙, 2005). 그리고 일상적으로 일어나는 다양한 문제를 교사는 학습자와 의논하여 결정함으로써 가능한 한 개별 학습자가 의사결정을 할 수 있는 기회를 많이 제공해 주기 위해 노력해야 한다(곽향림, 2015). 학습자 간 우정을 형성하고 사회도덕적 교실 분위기와 교실공동체를 창조하기 위해서는 학습자들 간 공유된 경험과 공동으로 의사결정을 하는 경험에 참여해 보는 것이 중요하다.

(2) '흥미', '실험', '협동'을 통한 구성주의 교육의 실천

구성주의 교육의 실천을 위해서 학습자의 흥미를 반영해 주고, 학습자가 능동적으로 실험에 임하면서 자신의 흥미를 일상적인 삶에서 실천해 보며, 이러한 과정에서 또래와 교사와 협력한다는 것은 무엇을 뜻하는가? 먼저, 구성주의 교육의 가장 중요한 쟁점 중의 하나인 학습자의 능동적 참여를 위해 흥미를 지원해 주는 것은 중요한 문제이다. 그런데 교사가 학습자의 진정한 흥미가 무엇인지를 이해하고 이를 지원해 주는 것은 쉬운 일이 아니다. 특히 학습자의 흥미에 기반한 교육의 실천을 위해서는 '흥미'의 개념에 대한 정확한 이해가 선행되어야 한다. 학습자의 흥미를 존중해 주는 것이 중요하다는 것에는 이견이 없겠지만, 흥미와 학습을 분리해서 이해할 경우, 사회적으로 가치 있는 것들에 대한 학습이 제한될 것을 우려하기도 한다(김무길, 2008). 실제 유아교사들은 흥미에 대해 단순한 즐거움이나 관심으로 생각하기도 하고, 진정한 흥미를 구분해서 가치가 있는 것으로 생각하기도 하는 등 정확한 개념이 정립되지 않은 경우가 많다(권귀염, 2015). 교육에서 학습자의 흥미 존중은 단순하게 학습의 효율성을 위해 일시적인 만족을 주는 형태로 진행되기보다 진정한 흥미의 추구가 학습자에게 미치게 될 지적, 도덕적 태도를 고려하는 것이 필요하다. 동시에 학습자 스스로 의지력을 발휘하여 목적에 도달하려는 노력을 통해 학습 내용을 익히고 바람직한 태도를 형성하는 것이 필요하다(권귀염, 2015).

듀이의 관점에서 볼 때 진정한 '흥미란 자아와 대상세계가 하나로 되어 나가는 일련의 통일적 활동'(양은주, 2003: 185)을 뜻한다. 일반적인 심리학적 이해로 흥미라는 개념이 흥미를 느끼는 주체와 흥미를 느끼는 대상을 구분하는 것과는 다르게 듀이는 진정한 흥미는 흥미를 느끼는 대상과 주체가 하나로 통일되는 상태라고 이야기 하는 것이다. 이러한 관점에서 배울 대상과 내용을 학습자에게 흥미롭게 만들려고 한다면 이것은 이미 진정한 흥미라고 할 수 없다. 즉, 흥미란 외적인 자극에 대한 수동적인 반응이 아니라 학습자가 특정 대상을 향해 추진력 있게 나아가는 활동적 상태를 뜻한다(양은주, 2003). 따라서 진정한 흥미란 인간의 감각적 즐거움을 일으키는 외부의 대상에 대해 수동적이고 일시적으로 즐기는 상태가 아니라 자신의 내면에 일어나는 정서적 상태와 객관적인 대상과의 관련성을 파악하려는 의식적이고 지성적인 작용이 동반된 상태이다.

더불어 듀이는 학습자의 흥미를 포함한 심리적인 측면과 논리적인 교육의 내용은 대립된 관계에 있는 것이 아니라 정도의 차이가 있을 뿐 연속적인 관계에 있다고 본다(류미향, 임부연, 2010). 따라서 교사는 학습자가 '일시적인' 즐거움을 느낄 수 있도록 단순한 감각적 즐거움을 주는 교육자료나 활동을 제시하는 것이 아니라 논리적인 교육의 내용을 학습자의 심리에 녹여냄('교과의 심리화, psychologization of subject matter')으로써 학습자 스스로 자신의 일상적인 삶의 내용으로 재구성해 나가면서(허정민, 이진희, 2019) 지식을 구성해 나갈 수 있도록 안내(교과의 점진적인 조직, progressive organization of subject matter)해 주는 것이 필요할 것이다. 이때 교사의 안내는 학습자의 삶의 과정을 자유롭게 만듦으로써(Dewey, 1964) 스스로 경험의 재구성을 통해 논리적인 학습의 내용을 내면화할 수 있도록 해야 한다는 것이다.

그런데 듀이에게 있어서 흥미란 변하지 않고 유지되는 안정적인 상태에 있는 것이 아니라 '자아와 대상 세계가 하나가 되고 활동적, 지성적, 정서적 차원이 통합되며 발달'(양은주, 2003: 187)하는 변화의 특성을 지닌다. 그러므로 학습자의 흥미를 존중하는 교육현장에서는 특정한 맥락에서 나타나는 흥미 자체가 아니라 흥미의 변화와 생성에 대해 주목할 필요가 있다.

다음으로, 구성주의 교육에서 실험의 의미와 관련해서는 개별 주체가 직접적인 경험을 통해 지식을 구성해 나가는 데 필요한 단순한 수단적 의미로 이해한다면 문제가 있다고 본다. 오히려 개별 학습자가 어떤 대상과 마주치면서 서로에게 감응함으로써 자신을 변화시킬 수 있는 계기로 이해할 필요가 있다. 비슷한 관점에서 협동의 의미와 관련해서도 단순히 어떤 교육적 결과를 도출하기 위한 개별 학습자들의 협력의 의미로 이해하는 것은 문제가 있을 것이다. 물론, 개별 주체들이 모여 있는 공동체는 집단의 동맹 관계를 유지하기 위해 개별 주체들의 생각과 행위를 제한하고 하나의 방향으로 이끌고 가려는 힘을 가질 수 있다. 그러나 진정한 공동체란, 즉, 진정한 개별자의 협력이 이루어지는 집단이라면 개별 주체가 가진 다양성, 복잡성, 그리고 미지의 것들과 마주함과 항상 발현되는 개방성을 통해 공동체의 힘이 만들어지기도 한다(Davies, 2017)는 것을 상기해야 한다. 비고츠키의 사회문화적 구성주의 이론에 입각하여 많은 연구를 수행해 온 바바라 로고프(Barbara Rogoff)에 따르면 개별 주체는 자신이 속한 공동체의 사회-문화적 활동에 참여하면서 발달하는데 단순하게 개별 주체가 공동체의 발달에 영향을 미치는 관계에 있는 것이 아니라 서로가 서로를 구성하는 관계에 있다(Rogoff, 1990). 개별 주체가 다양성과 변화를 내포하고 있듯이, 이러한 개별자들이 모인 공동체 역시 변화와 생성의 특성을 가지고 있다. 진정한 협력의 관계는 다양한 의지와 감정과 정서를 가진 학습자들이 마주침으로써 서로에 대해 개방해 나감으로써 서로 변화해 갈 수 있는 관계일 것이다. 그리고 '어떤 마주함이 삶의 그 자체로서 아주 깊은 울림을 가지고 일어'(Davies, 2017: 33)날 수 있는 관계일 것이다.

따라서 구성주의 교육에서 실험과 협동은 개별 학습자가 어떤 목적을 위해 대상을 조직하거나 하나의 목소리를 내도록 수렴되어 가는 과정을 배우는 것이라기보다, 오히려 차이와 다양성을 받아들이면서 그 속에서 변화될 수 있는 가능성을 경험하는 것으로 보아야 할 것이다. 학습자가 경험(실험)하는 상황에서 만나는 대상, 다른 학습자, 교사 등은 자신의 사고과정에 적극적이고 역동적으로 '간섭'하는 대상이며 배움은 서로의 존재에 대해 개방해 감으로써 생성될 수 있다. 지식을 구성한다는 것, 무언가를 안다는 것은 결코 객관적으로 동질적인 인식을 훈련하는 일이 아니며 오히려 자신의 존재성을 인식하고 변화해 가는 것이다(Davis, Sumara, & Luce-Kapler, 2017). '앎(안다는 것)'과 '행함(한다는 것)'은 같은 현상이다.

2

유아·놀이중심 교육과정과 구성주의 교육

1) 유아 · 놀이중심 교육과정의 특성

2017년에 발표된 '유아교육 혁신방안'에 따라 2019 개정 누리과정은 '유아가 중심이 되고 놀이가 살아나는 교육과정'의 실현을 모토로 개정되어 2020년부터 현장에서 적용되고 있다. 개정 누리과정의 중요한 특성으로는 유아 · 놀이중심 교육의 실현을 위해 교육과정의 대강화, 교사의 자율성 강화의 강조를 들 수 있다. 유아 · 놀이중심 교육은 유아교육이 기관차원에서 실시된 이래로 늘 강조되어 왔으나 법제적 성격을 지닌 국가 교육과정의 고시문에서 이를 분명하게 명시하였다는 데에 의미가 있다. 그뿐만 아니라 현장에서 고시문을 바탕으로 자율적으로 교육과정을 구현할 수 있도록 대대적인 내용과 체제를 개편함으로써 유아가 교육의 과정에서 주체로 참여하면서 즐겁게 배움을 이루어 나갈 수 있도록 하였다. 특히 고시문에서는 교사가 계획하여 제안하는 자유선택활동을 유아가 주도하는 (자유) 놀이로 대체하여 운영할 것, 충분한 놀이시간을 확보할 것 등을 제안하면서 유아 · 놀이중심 교육과정을 재정립하고자 하였다(교육부, 보건복지부, 2019). 또한 5개 영역의 내용을 간략화하고 교사가 가르쳐야 할 내용이 아닌 개별 유아가 자신에게 가장 적합한 방식으로 놀이하며 배우는 경험으로 이해할 것(교육부, 보건복지부, 2019: 18)을 강조하고 있다.

개정 누리과정에서는 3~5세 연령별 누리과정에서 제시하였던 연간-월간-주간-일일계획안에 근거한 교육과정 운영 방법이나 흥미 영역의 운영을 통해 5개 영역을 균형 있게 편성하도록 한 것, 그리고 생활주제를 중심으로 한 5개 영역의 통합 방법, 구체적인 평가의 방법 등에서 벗어나 자율적으로 교육과정을 운영할 수 있도록 교사에게 많은 자율성을 부여하고 있다. 그러나 동시에 개정 누리과정에서는 고시문에서 제시한 국가교육과정의 방향을 명확하게 이해하고 이를 바탕으로 현장에서 자유롭게 교육과정을 재구성하거나 개별 학습자의 수준에 맞게 변주하여 단순한 '재-구성'이 아닌 새롭게 '구성'(손연주, 임부연, 2021: 327)해 나갈 것을 요구함으로써 교육과정 자체의 변화가능성의 측면에서 교사의 책무성 역시 강조하고 있다. 즉, 국가교육과정의 내용과 방향에 대한 충실한 이해('교육과정 문해력')를 바탕으로 일상적으로 교실에서 일어나는 놀이와 놀이의 맥락, 그리고 그 속에서 놀이하고 있는 유아들과 함께 새롭게 교육과정을, 교실을, 일과를 변화시켜 가는 교사를 요구하고 있다.

'유아가 중심이 되고 놀이가 살아나는 교육'을 위해서는 우선 과거의 교사 주도적인 계획과 이에 따른 실행의 방식에 유아가 참여하도록 안내하는 교육에서 벗어나는 것이 필요하다. 나아가 유아가 일상생활 속에서 주변의 자연물, 인공물 등 다양한 자료와 공간, 그리고 다른 사람들과 상호작용하면서 능동적으로 탐색하고 자율적으로 경험을 하는 과정에서 유의미한 배움 -자신의 삶 속에서 (놀이) 경험 자체가 목적이 되어서 즐거움을 느끼면서 몰입하고 그 속에서 자신의 삶이 변화될 수 있는 의미 있는 배움과 성장을 이루는 것- 이 실현될 수 있도록 교사와 유아가 함께 교육과정을 만들어갈 것(교육부, 보건복지부, 2019: 10)을 강조하고 있다.

교사의 계획중심 교육과정에서 유아 · 놀이중심 교육과정으로의 개정과 함께 교사에게 요구되는 역량 역시 새로운 관점에서 제시되고 있다. 교육과정 계획과 실행 역량을 중요한 교사 역량으로 강조했던 이전의 관점들로부터 변화되어 유아들의 놀이에 대한 이해와 이를 교육적인 경험으로 전환할 수 있는 역량, 비판적 사유와 윤리적 실천 역량, 자기성장을 위한 자기 돌봄 등이 강조되고 있다(유재경, 황지영, 박은미, 2020; 이경화, 2019; 이원미, 권연희, 2020).

2) 유아의 놀이에서 유의미한 배움을 지원하는 구성주의 유아교육의 특성

(1) 유아의 능동적 탐색을 통한 유의미한 배움을 지원하는 구성주의 교육의 실천

구성주의 유아교육의 실천을 위해서는 놀이와 작업이 연계되도록 하는 것이 중요하다. 우리나라의 사회문화적 특성에 맞는 구성주의 교육 실천을 위해서 현장연구를 수행해 온 곽향림(2015)의 책 『구성주의 유아교육에서 교수학습방법』에서 그녀는 흥미, 실험, 협동의 원리를 가장 중요한 구성주의 교육 실천의 원리로 제시하였다. 유아의 흥미에 기반하여 능동적으로 유아가 실험하고 다른 유아들과 협력하며 함께 배움을 경험할 수 있도록 하기 위해서는 유아들의 놀이 경험에서 지식을 구성할 수 있는 기회를 제공하는 것이 중요하다. 곽향림(2015: 102-106, 170-174)이 제시한 구성주의 유아교육을 실천하기 위한 교사의 역할은 아래와 같다.

■ **새로운 자료를 자발적으로 활용할 수 있도록 존중해 주기**

놀이자료를 제공해 줄 때는 유아들이 스스로 자료를 탐색하고, 자신만의 방법으로 흥미 있는 놀이를 만들 수 있도록 기다려 주는 것이 중요하다. 유아들은 자신의 이전 놀이 경험 등에 기반하여 교사의 기대와는 다른 방식으로 자료를 활용할 수 있다. 유아들이 자신만의 방식으로 놀이 자료를 활용할 때 유의미한 학습 맥락이 만들어 질 수 있다.

■ **유아들이 스스로 탐색하고 실험할 수 있는 충분한 시간 제공하기**

유아들이 놀이자료를 탐색하고 스스로 가설을 세우고 이를 검증하고 재검증하는 데에는 시간이 걸린다. 따라서 유아들이 놀이 중 가지게 된 흥미로운 아이디어를 작업으로 변경시켜 주기 위해서 교사는 기다리는 것이 필요하다. 교사가 계획한 목표를 빨리 달성해야 한다고 생각할 때 유아들에게 일방적으로 질문을 던지고 유아의 즉각적인 답을 유도하거나 교사의 의도에 따라 실행하도록 요구할 수 있고 이러한 경우 유아의 능동적인 사고를 지원해 주는 것은 어렵기 때문이다. 그러나 교사가 기다려준다는 것은 아무것도 하지 않고 시간을 보낸다는 의미는 아니다. 교사는 유아의 반응을 지속적으로 관찰하면서 유아의 흥미와 생각을 추후 활동에 반영하거나 유아의 사고가 발전적으로 변화될 수 있도록 계획-실행-평가의 순환적인 과정을 거치도록 해야 한다.

■ **유아에 대한 관찰을 통한 내용지식 찾기**

사회문화적으로, 그리고 유아의 발달에 적합한 내용지식은 개념이나 이론에서가 아니라 유아들의 의미 있는 활동의 맥락 속에서 찾아내어 다루게 될 때 효과가 나타날 수 있다(곽향림, 2015: 102). 일방적인 설명에 의한 내용지식 전달이 아니라 유아들이 주도적으로 참여하면서 흥미 있게 활동에 참여할 수 있는 자료를 제공해 주고, 유아들이 이 자료를 어떻게 활용하는지, 어떤 인지적 불평형을 경험하는지에 대한 관찰을 통해 자연스럽게 교육 내용지식을 찾아갈 수 있다. 즉, 개념적 지식보다는 유아들의 놀이, 일상생활 속에서 실천적 지식으로 연계될 수 있는 내용 지식을 찾는 데 주력해야 한다.

■ **관찰과 반성적 사고를 바탕으로 적절한 질문을 하며 개입하기**

유아의 지식 구성을 돕기 위해 인지적 갈등을 느끼도록 하려면 교사는 적절한 순간에 적절한 방법으로 개입하는 것이 필요하다. 그러나 어떤 순간, 어떤 방법이 적절한지를 파악하는 것은 매우 어려운 문제이다. 따라서 교사는 늘 개방적이고 민감한 태도로 유아에게 귀 기울이고 반성적 사고로 적절한 중재 방법에 대해 고민하는 것이 필요하다.

■ **놀이(활동)에서 인지적 갈등요소 첨가하기**

유아들의 자발적인 놀이에서 지식 구성을 촉진하기 위해서는 놀이 속에서 인지적 불평형을 경험할 수 있도록 해야 한다. 즉, 유아가 자신이 가진 인지 도식을 문제없이 활용하여 놀이할 때는 '동화'만이 일어나지만, 놀이 속에서 인지적 갈등을 느낄 때 자신의 인지적 도식을 '조절'하게 됨으로써 새로운 개념 구성이 가능해진다. 인지적 불평형은 지적인 동시에 정서적인 경험(곽향림, 2015: 63)으로 유아들이 느끼는 불편함은 결국 새로운 지적 관계를 구성하게 되는 강력한 동기로 작용하게 된다. 유아들 스스로 인지적 갈등을 느끼는 상황을 만들어 가는 경우도 있지만, 교사가 자료 제시나 활동 방법의 의도적 계획을 통해 이러한 상황을 만들 수도 있다. 구체적인 활동 상황에서 유아들이 자신의 예측대로 현상이 일어나는 자료들을 먼저 경험하도록 하고, 이후 예측과 다른 상황이 만들어질 수 있는 자료를 경험하도록 하는 것이 방법이 될 수 있다.

교사는 교육목표를 이루기 위한 자료 활용 방법이나 교사가 예측한 자료 활용 방법 외에 자료를 활용할 수 있는 방법이 다양함을 이해하고, 유아들이 자료를 감각적으로 탐색하고, 이를 통해 스스로 놀이 상황을 만들어 낼 수 있도록 기다려 주는 것이 필요하다.

(2) 변형교육과정을 통한 구성주의 교육의 실천

구성주의 교육을 실행하기 위해서는 교사가 계획한 교육과정을 그대로 실행하는 과학적, 합리적 교육과정 모형체제를 따르기보다 유아들의 흥미를 관찰하고, 주도적으로 탐색할 수 있는 기회를 제공해 주어야 한다. 또한 유아가 인지적 불균형을 느낌으로써 학습을 할 수 있는 상황을 만들어 가기 위해 교사는 자신의 교육실제를 반성하고, 교육과정을 변형해 가는 것이 필요하다.

변형교육과정이란 교사가 자신의 교육적 실행을 비판적으로 사유하고 해석하면서 발전적으로 재구성해 가려는 교사의 실천을 뜻한다. 즉, '유아들의 흥미, 사회문화적인 유용성, 발달에의 적합성을 고려하여 교육내용과 방법을 계속적으로 변형해 가는 교육과정'이 변형교육과정이다(곽향림, 2015: 114). 따라서 변형교육과정의 교육내용은 가르치고 배워야 할 객관적인 사실이나 개념이 나열되는 것이 아니라 유아들과 교사가 함께 배우고 싶은 것, 혹은 학급 구성원들에게 의미와 가치가 있는 지식이 포함된다. 변형교육과정을 실천하기 위한 교수전략을 곽향림(2015: 125-134)은 아래와 같이 제시하였다.

■ 순환적이고 유기적인 계획-실행-평가

구성주의 교육은 반성적, 순환적 특성을 지닌다(양미경, 2002). 교사의 계획은 실행 후 반성을 통해 유아의 관점을 적극적으로 반영하여 변형하고 학습목표 역시 새롭게 반영하는 유아의 관점에 맞게 재구성한다. 계획과 실행, 그리고 평가의 과정이 유기적으로 순환될 때, 유아들의 흥미를 반영할 수 있고, 이에 따라 능동적인 지식 구성자로서의 유아의 배움을 지원할 수 있다.

■ **유아의 관심과 흥미 고려하기**

변형교육과정은 유아들이 흥미로워 하는 것을 직접 탐구의 경험으로 제공해 줌으로써 의미 있는 맥락에서의 지식 구성을 지원해 주는 것이 중요하다. 이에 변형교육과정의 실천을 위해서는 유아의 관심과 흥미를 파악하기 위한 교사의 노력이 필수적이다. 교사는 유아들이 어떤 대상과 상황에 흥미를 두는지, 무엇을 자발적으로 하고 있는지, 어떤 가설이나 생각, 해결하지 못하는 문제에 봉착하는지 등을 민감하게 경청하는 태도로 살펴보아야 한다. '경청한다는 것은 반성적 사고를 포함하는 것'(곽향림, 2015: 127)이며 교사는 유아가 스스로 문제해결을 하고, 궁금해 하는 것에 대한 답을 찾을 수 있는 능력이 있음을 존중하고 이를 지원해 주기 위해 끊임없이 관찰하고 반성적 사고를 통해 지원 방향을 고민해야 한다. 때로는 교사가 계획하여 진행하는 활동의 진행 과정에서도 유아들이 표현하는 관심을 존중하여 활동의 내용을 변경하기도 하고, 새로운 활동을 첨가하거나, 계획한 활동을 취소하기도 하면서 교육과정을 변형해 갈 수 있다.

■ **반성적 사고 키우기**

변형교육과정의 실천에는 유아의 즉각적인 흥미를 반영하기 위해 교사의 계획을 변경하거나, 교사가 예측하지 못한 유아들의 흥미를 발견하고 이를 지원하기 위한 계획을 새롭게 수립하는 것이 포함된다. 그뿐만 아니라 유아들을 관찰하며 인지적 갈등을 느낄 수 있는 자료나 활동을 제공하는 것도 필요하다. 이러한 변형교육과정의 실천에는 교사의 반성적 사고가 필수적이다. 즉, 교사는 반성적 사고를 통해 자신이 실행한 교육내용이나 방법에 대해 평가하면서 변화를 꾀해야 한다.

■ **학습공동체 안에서 실천적 지식 키우기**

유아의 능동적 탐색과 지식 구성을 지원하기 위해서 교사는 구체적인 교육 실제에서 적절하게 교육적 판단을 하는 것이 필요하다. 교실 안팎에서 일어나는 유아들의 지식 구성의 맥락은 매우 다양하고 상황적이므로 교사가 가지고 있는 이론적 지식을 바탕으로 판단하는 것이 어려울 수 있다. 따라서 학습공동체를 통해 전문가나 동료교사와 함께 구체적인 교육 실제에 대해 이야기 하고 협력적으로 교수실천에 대한 지식을 키워가는 것이 도움이 된다. 때로는 교실 내 유아들과 함께 이루는 교실공동체를 통해서 교사와 유아들이 주도하고 상호 협력하는 가운데 함께 배우고 성장해 갈 수 있다.

(3) 사회적 구성주의 패러다임에 입각한 유아교육 실천

사회적 구성주의에서 강조하는 것은 특정한 맥락 안에서 다양한 사회적 상호작용, 즉 사람들 간 협상과 반성의 과정을 거치면서 의미를 공유하고(김은희, 2004) 이러한 과정을 통해 사회적으로 합의된 지식을 구성하는 것이다. 사회적 구성주의 패러다임에서 입각한 유아교육은 교사, 유아, 부모, 지역사회 간 관계에 기초하여 다양한 주체 간 상호협의를 통해 함께 교육과정을 변형시켜 나가야 한다. 이를 위해 교사들은 현장에서 경험하는 실제적인 문제를 바탕으로 반성적으로 성찰하고 서로 협력함으로써 실천적 지식과 전문적 역량을 강화해 나가는 학습공동체 문화를 형성해 가는 것이 중요하다(김은희, 2001).

대표적인 국내 레지오 에밀리아 교육의 실천연구자 중 한 명인 오문자(2012: 19-20)는 '유아의 능동적 행위'와 '집단 사회화(group socialization)'(Rinaldi, 2012)를 사회적 구성주의를 표방하는 레지오 유아교육의 핵심적 특성으로 설명한다. 그녀는 사회적 구성주의 유아교육이란 유아들의 삶과 발달의 맥락을 고려하고, 개별 유아들의 발달의 다양성을 존중하며, 발달의 주체이며 학습자인 유아와 성인이 상호주도적으로 교육을 실천하는 것이라고 이야기한다. 그리고 사회적 구성주의 패러다임에 입각한 교육과정의 예로 발현적 교육과정, 상호조정적 교육과정, 학습공동체 모델 교육과정, 프로제따찌오네의 네 가지를 제안하고 이러한 교육과정 모델에 나타나는 공통적 특성을 아래와 같이 제시하였다.

■ **교육과정의 구성 방식**

유아들의 흥미를 존중하여 교육과정을 구성하되 교사의 교육적 판단 역시 고려하여 지속적으로 수정해 가면서 유아와 교사가 함께 교육과정을 만들어 간다. 즉, 교사가 유아들의 발달 특성이나 흥미를 예측하여 교육목표를 수립하고 이에 따른 교육내용을 선정하여 전달하는 교사주도적 교육과정도 아니고, 유아들의 흥미가 교육과정 구성에 전적인 역할을 담당하는 극단적인 아동중심 교육과정도 아닌 '유아의 흥미와 교사의 전문가적 판단간의 상호조정'(오문자, 2012: 19)이 교육과정 운영에서 중요하게 작용한다. 단순하게 겉으로 드러나는 유아들의 흥미를 인정하고 지원하는 것에서부터 흥미에 대한 의미 해석과 성찰을 통해 보다 견고한 교과지식과 연결될 수 있도록 교사가 전문가적 판단을 하는 것까지 포함된다.

■ **교육과정 구성과 운영에서 어린이와 교사의 역할**

교육과정의 구성과 운영에 있어서 유아들과 교사 모두가 능동적으로 참여하는 것이 공통적으로 나타난다. 즉, 유아들과 교사가 서로의 생각에 귀를 기울이고 이해하는 상호조정과 협력의 관계를 형성함으로써 다양한 생각이 교차되어 나타날 수 있도록 한다.

■ **교육내용의 선정**

교육내용은 교과 지식이나 발달적 지식 등 기존 사회에 존재하는 견고한 지식 중 어떤 것도 근원이 될 수 있다고 본다. 그러나 객관주의적 진리론을 지향하는 것이 아니므로, 기존의 지식이나 진리를 하위 교수목표로 세분화하고 체계적으로 가르치는 것이 아니라 유아들이 흥미를 가지고 몰입하는 주제와 연계하는 방법을 고민하는 것이 교사의 중요한 역할이 된다. 교사는 유아들의 흥미를 파악하고 자신이 의미 있다고 판단되는 개념이나 가치 등을 포착해 내고 배움이 일어날 수 있는 맥락을 제공해 주어야 한다.

■ **인식론과 학습이론**

지식은 학습자 개인에 의해 구성되는 것이며 고정된 것이 아니라 경험하면서 변화하는 특성을 지닌다. 특히 사회적 상호작용을 통해 각자가 가진 사고에 대해 반영해 봄으로써 임시적으로나마 사회적 합의를 만들어 내게 되고 이러한 과정에서 지식은 서서히 구성된다.

3) 유아 · 놀이중심 교육과정과 구성주의 교육

유아 · 놀이중심 교육과정의 핵심은 유아의 놀이를 통해 유의미한 배움을 이루어나가는 것이라고 할 수 있다. 유아들의 놀이는 성인이 계획한대로 혹은 안내하는 대로 이루어질 수 없으며 자유롭게 변화하는 특성을 가진다. 놀이를 지속시키는 본질적인 힘은 놀이하는 유아들이 갖는 즐거움을 추구하는 욕망이라고 할 수 있다(류미향, 2020; 오경희, 임부연, 2019). 유아들은 놀이에서 재미를 추구하기 위해 놀이 규칙, 시 · 공간, 놀이자료를 변형시켜가고 이러한 지속적인 생성의 흐름 속에 들어있는 욕망은 자신을 성장시키는 배움의 경험으로 이끌어 준다(류미향, 2016). 놀이의 경험을 통해 이루어지는 배움은 교사에 의해 전수받은 지식을 재현해 보는 수동적인 앎의 과정이 아니라 능동적으로 탐구하고 새로움을 창조해 가는 과정에서(김재춘, 배지현, 2011) 발생한다. 유아 · 놀이중심 교육과정에서는 이러한 놀이의 본질적 가치(유아의 주도성과 자발성, 유아의 즐거움과 행복)를 존중하면서 교육이 실현되는 것을 추구한다. 이러한 유아 · 놀이중심 교육과정의 특성은 구성주의 교육에서 학습자의 흥미에 대한 존중, 그리고 이를 바탕으로 한 능동적인 학습에의 참여를 통한 교육실현의 방식과 공통점이 있다.

유아 · 놀이중심 교육과정에서 일과는 자유로운 놀이, 놀이같은 활동, 일상생활로 이루어진다(임부연 외, 2020). 이 중에서 자유로운 놀이시간에는 유아들이 자신의 흥미에 따라 다양한 놀이자료, 놀이친구, 공간 등과 활발하게 상호작용하면서 주도적으로 경험을 하게 된다. 이때 교사는 유아들의 놀이에 '발현적으로 귀를 기울이는 행위'(Davies, 2017)를 통해 유아의 다양한 감정과 지적 호기심, 인지적 · 정서적 · 사회적 갈등 등을 이해하고 이를 지원해 주어야 한다. 특히 유아 · 놀이중심 교육과정의 운영에 있어서 중요한 교사의 역할로 제시되고 있는 '놀이 지원자'의 역할을 위해 교사는 유아의 흥미를 파악하고, 놀잇감이나 자료, 공간의 변형, 일과 혹은 계획의 변형 등을 통한 지원을 통해 놀이 경험이 확장되고 유의미한 맥락에서 배움이 생성될 수 있도록 도와야 한다. 유아의 흥미에 따른 일과 변경, 교사 계획의 변경은 결국 구성주의 유아교육에서 유아의 흥미에 기반하여 배움을 지원하는 교육의 실천과 비슷하다고 하겠다. 더불어 유아의 흥미에 대한 단순한 지원이 아닌 유아의 심리에 기반하되 교사의 비판적 성찰과 전문가적 판단에 의한 유의미한 배움으로의 확장을 지원한다는 점 역시 유사하다.

다음으로 유아·놀이중심 교육과정과 구성주의 교육에서 추구하는 학습의 목표, 즉, 유아의 배움의 지향점은 교사의 전문적 지식이나 실천적 경험에 의한 지식에 따라 일괄적으로 미리 설정할 수 있는 것이 아니라 개별 유아의 다양성에 따라 구체적인 배움의 맥락에 따라 달라질 수 있다. 오히려 학습의 목표는 개별 유아의 성장과 변화에 초점이 맞추어진다는 점에서도 유사한 점을 발견할 수 있다.

이러한 많은 유사점에도 불구하고 구성주의 인식론에 기반한 구성주의 교육에서는 개인적, 급진적, 사회적 구성주의 중 어떤 인식론을 토대로 하고 있는지에 따라 지식에 대한 이해나 구성된 지식에 대한 타당성의 준거가 다양하게 나타나며, 이로 인해 지식 구성을 통한 학습의 목표나 지식 구성을 위한 교사의 구체적인 지원(중재) 방법이 다를 수 있음을 이해할 필요가 있다.

그러나 유아·놀이중심 교육과정이나 구성주의 교육은 궁극적으로 학습자의 성장과 발전을 학습자가 행복한 교육 환경 속에서 추구해야 함을 지향하고 있다는 공통점을 가지고 있다. 다시 말해, 학습자의 호기심과 궁금증을 풀어나가는 과정에서 문제를 해결하고 배움을 이루는 것, 즉, 학습자의 주도적인 경험이 교육에서 무엇보다도 중요하며 학습자의 흥미 추구와 궁금증 해결의 과정에서 지속적인 사고의 재구성이 일어나고 이것이 의미 있는 배움이라고 이해하고 있다는 공통점을 발견할 수 있다. 진정한 유아·놀이중심 교육, 구성주의 교육을 통한 학습자 중심의 교육을 실천하기 위해서는 유아들의 생활인 놀이경험이 유아가 부단한 자기쇄신을 통해 자기성장을 불러일으키는 방향으로 지속되고 확장될 수 있도록 지원해 주어야 할 것이다(류미향, 2016).

구성주의 유아교육 새롭게 보기 1:

구성주의 교육이론의 이해와 실천

IV

유아·놀이중심 교육에서 구성주의 유아교육 실천하기

1. ‘흥미’, ‘실험’, ‘협동’의 원리에 대한 재개념을 통한 구성주의 교육 실천
2. 자율적인 교사의 만들어가는 교육과정의 실천을 통한 구성주의 교육 실천
3. 교사와 기관 차원에서의 배움 공동체를 통한 구성주의 교육의 협력적 실천

1
'흥미', '실험', '협동'의 원리에 대한 재개념을 통한 구성주의 교육 실천

듀이에 따르면 '흥미'라는 것은 단순히 개인의 정서의 문제가 아니라 인지적인 문제이자 실천의 문제이기도 하다. 우리가 마음을 쓴다는 것은 무엇인가를 알게 되는 지적 활동, 돌보거나 좋아하는 것과 같은 정서적 활동, 목적을 달성하기 위하여 행동하는 의지적이고 실천적인 활동이 모두 융합된 것으로 보아야 한다. 그리고 '실험'은 어떤 결과를 도출하기 위해 능동적으로 탐색하는 것이 아니라 유아들의 경험 속에서 의문이 드는 것, 부딪히는 문제의 답을 찾아가는 과정에 유아들이 주체가 되어 참여하면서 끊임없이 차이를 만들어 가는 운동(movement)이라고 보아야 한다. 마지막으로, '협동'은 이미 완성된 자아를 가진 주체들이 만나서 어떤 결과를 도출하기 위해 단순하게 상호작용하는 것이 아니라, 흥미를 가진 주체들이 모여서 함께 정서적, 지적, 행동적 관계 맺기의 실험을 하는 과정에서 서로가 얽히고 통합되어 각각의 특이한 성질이 사라져 하나의 상황 혹은 맥락 속으로 융합되어 가는 과정으로 보는 것이 필요하다.

이러한 흥미, 실험, 협동의 의미를 듀이의 경험에 대한 관점을 통해 다시 한 번 말하면, 우리의 경험의 속성을 제대로 이해하기 위해서는 경험하는 유아 자신이나 유아가 상호작용하는 대상만 보아서는 안 되고, 오히려 유아가 경험하는 그 맥락에서 나타나는 모든 요소 즉, 유아의 내적 요소들과 외부의 환경적 요소 모두가 녹아들어 있는 전체적인 상황을 보아야 한다(Dewey, 2016)고 말할 수 있다.

산책길에서 발견한 특정한 돌을 보고 유아가 흥미를 갖는다고 할 때 유아의 돌에 대한 경험의 의미를 '돌'이라는 대상 자체에 대한 흥미로 이해한다면 경험[1)]에 대한 본질을 이해하기 어려울 것이다. 그 경험에서 나타나는 본질을 이해하기 위해서는 돌을 보고 '공룡 알인가? 아무 소리도 안 나는데?'라고 생각하고 느낀 유아 자신과 동그란 형태와 특정한 색과 감촉을 가진 그 돌이 '교변작용'을 한 그 독특한 상황에 대한 이해가 필요할 것이다. 우리가 일상적으로 생각하고 느끼고 상대하는 모든 것은 원천적으로 인간 주체의 의식과 주위의 환경의 대상과의 상호작용에 의해서 형성된 질성에 관한 것이다. 그런데 질성은 유기체로서 우리 자체에 있는 것이 아니라 유기체와 환경과의 상호작용의 질성이다(Dewey, 2016).

구성주의 교육의 원리로 돌아가서, 진정한 의미의 흥미와 실험과 협동의 원리를 실현하기 위해서는 학습자가 어떤 대상이나 상황에 흥미를 가지고 적극적으로 흥미를 실험해 가는 과정에서 다른 또래들과 함께 협동하는 경험 속에서는 정서와 인지와 행동이 포함되어 결국 학습자 자신도 변화하고, 함께 얽힌 관계 속에 있는 유아가 관심을 가진 대상도 함께 어울린 또래들도 같이 어떤 방식으로든 변화하고 성장할 수 있어야 하는 것이다. 그리고 구성주의 교육에서 중

---

1) 이 사례는 한솔어린이보육재단(2018)의 『기록작업을 통해 다시 만난 어린이』중 20~23쪽에 소개된 내용이다.

요한 것은 유아들이 구성하는 지식 자체 혹은 기술의 습득이 아니라, 지식 구성의 맥락이다. 구성주의에서 진리는 개별 인간의 삶의 상황과 관련되어 있으며, 삶의 상황 자체가 진리 판단의 기준이 되기 때문이다. 따라서 구성주의 교육에서의 목적은 교육의 결과로 얼마나 논리적인 지식, 얼마나 많은 지식을 유아 스스로 구성했는가가 아니라 교육의 과정 자체이며, 구성의 과정은 반드시 자신의 삶에 적용시키고 자기화하는 과정이 포함되어야 한다(최신일, 1998)는 것이다.

즉, 구성주의 교육의 실천을 위해서는 진리의 문제보다 의미의 문제에 더 관심을 가져야 하고 지식의 맥락적 실용성 즉, 타인의 삶, 혹은 외부에서 주어진 진리를 재현하는 것이 아니라 자기 자신의 정체성에 진실한 삶을 위한 구성의 맥락을 만들 수 있어야 한다는 것이다(조용기, 1998). 구성주의가 인간의 앎의 방식에 대한 이해를 돕는 학문이고, 교육학 분야로 들어오면서 학습자의 능동적인 지식 구성에 초점이 맞추어졌다고는 하지만, 결국 앎 역시 우리의 삶 속에서 이루어지는 만큼 학습자가 자신의 삶을 능동적으로 살아가면서 흥미를 느끼는 대상을 탐구하고 이 과정에서 대상도, 함께 탐구하고 실험하는 또래와 교사도 그리고 무엇보다도 자신도 변화할 수 있도록 하는 것이 교육의 목적이 되어야 할 것이다.

2
자율적인 교사의 만들어가는 교육과정의 실천을 통한 구성주의 교육 실천

교육의 질적 성장을 위해 정책의 변화나 국가교육과정의 개정 등 다양한 시도들이 이루어져 왔으나 교실 변화의 핵심은 행위주체자(agent)로서의 교사의 역할(소경희, 최유리, 2018)에 있다고 할 수 있다. 교육의 실현은 결국 교사와 학습자의 사이에서, 그리고 학습자의 경험에서 만들어지는 것이기 때문이다. 이러한 맥락에서 최근에는 만들어가는 교육과정, 변형교육과정, 발현적 교육과정, 교육과정의 재구성 등의 용어가 많이 사용되고 있다. 이러한 용어들에는 공통적으로 교육과 교육과정에서의 '생성'과 '운동성'(박수연, 임부연, 2021)의 의미가 담겨 있다. 즉, 다양한 교실상황과 학습자의 경험의 맥락을 고려하면서 교육과정은 늘 변화해야 한다는 것을 의미한다.

구성주의 교육은 학습자 중심 교육 중 가장 전형적인 하나의 모델이자 성공적인 모형으로 위치해 왔다고 할 수 있다. 그러나 구성주의 이론에 대한 구체적인 이해 없이 많은 교재에서 제시하고 있는 구성주의 교수원리들을 단순하게 따라 하다 보면 자칫 구성주의 교육이 마치 따라야 할 어떤 정해진 길이 있다고 오해할 소지가 있다. 많은 저서에서 구성주의 교수방법, 구성주의 교수원리들을 제시하고 있고, 본 저서에서도 다양한 교수원리들을 소개하였지만, 이는 구성주의라는 인간의 세계에 대한 이해나 진리에 대한 시각과 관련하여 새로운 운동을 하는 하나의 경향에서 나온 특성들을 정리한 것이라고 볼 필요가 있다. 구성주의 교육을 제대로 실천하려면 결국 구성주의 이론에서 제시하는 학습자의 세계에 대한 이해를 바탕으로 실제 교실에서 만나는 실체로서의 학습자의 능동적인 운동과 실험[2)]을 인정해 주는 성인의 자세가 필요하며, 특히 이러한 실험에 함께 공동 실험자로서 참여하는 것이 중요하다고 하겠다.

결국 구성주의 유아교육의 실천을 위해서 무엇보다도 중요한 것은 교사로서 윤리적 책무를 느끼고 유아들을 진심으로 존중하고 지원하고자 하는 교사, 자율적이고 스스로 성장하려는 교사, 그러면서도 유아들에게 의미 있는 배움의 세계로 안내하고자 하는 교사의 역할이라고 할 수 있다. 교실에서 발생되는 유아들의 다채로운 경험과 흥미, 호기심, 그리고 이러한 정서를 지원하고 배움으로 이끌어 주고자 하는 다양한 교사의 지원 방법에 따라 교육과정은 생기적으로 작동하고 새롭게 '구성'(박수연, 임부연, 2021: 327)될 수 있다. 이를 위해서 교사는 자신의 권위를 내려놓고 자신의 교육 방식이나 사전에 정해진 교육 내용과 방법을 고수하기보다는 유아와 함께 언제나 '도전하려는 자세'(Nietzsche, 2018: 173)를 가지고 유아의 자발적인 놀이 경험을 통한 배움, 지식의 의미 있는 구성이 가능한 맥락을 거듭해서 창조할 수 있는 '경쾌하고 웃고 춤추는'(조용환, 2014) 교사가 될 수 있어야 할 것이다.

2) 여기에서 '실험'의 의미는 구성주의 교수원리의 하나로서 실험을 뜻하는 것이 아니다. 변화와 생성을 위해 무언가를 새롭게 시도하는 운동성의 의미를 갖는 용어로 이해하기 바란다.

3
교사와 기관 차원에서의 배움 공동체를 통한 구성주의 교육의 협력적 실천

구성주의 교육은 오랫동안 학습자중심의 교육 방법 중 하나로 이해되어 왔으나 교사의 구성주의 교육에 대한 이해와 교수 역량에 따라 구현이 달라질 수밖에 없다. 교수 목표를 정하고 이를 실현하기 위한 학습 내용을 세분화해서 체계적으로 가르치는 행동주의적 교수방법과는 다르게 교실에서 학습자의 인지적 갈등 상황을 제공하고, 학습자가 스스로 탐구함으로써 문제해결을 할 수 있도록 중재하는 구성주의 교육 방법은 개별 학습자와 학습자가 처해 있는 상황에 따라 매우 달라질 수 있는 만큼 교수 기술 혹은 중재방법에 대한 구체적인 매뉴얼 등을 제공할 수 없기 때문이다. 또한 교사가 미리 계획하고 그대로 실행해 가는 교육과정이 아니라 유아에 대한 관찰에 근거하여 유기적이고 순환적으로 변형하며 교사와 유아가 함께 만들어 가는 교육과정의 성격을 지니고 있기 때문이다.

따라서 구성주의 교실에서 교사는 교실 내에서 유아들이 가지고 있는 호기심과 같은 정서와 흥미를 가지고 탐구하고자 하는 것에 대해 파악해야 한다. 그리고 유아들이 가지고 있는 사전 지식에 대한 이해를 바탕으로 유아가 흥미 있어 하는 상황에서 교육적인 개입을 할 수 있는 순간을 파악해야 한다. 그뿐만 아니라 유아들의 흥미와 호기심에 의한 실험과 탐구가 사회에서 의미 있는 견고한 지식으로 자연스럽게 연계 · 확장되도록 안내해야 한다. 종합적으로 이러한 구성주의 교육의 성공적 실천을 위해서는 탐구하는 교사, 반성적 사고를 하는 교사, 이를 통해 끊임없이 변화하려고 시도하는 교사의 역할이 무엇보다도 중요하다고 하겠다.

그러나 교사의 구성주의 교육에 대한 신념과 실천에 대한 의지와 열정, 교수 역량만으로 구성주의 교육의 실행이 가능한 것은 아니다. 무엇보다도 기관 차원에서의 공동 이해와 협력이 중요하다. 실제 구성주의 교육의 실행을 어렵게 만드는 장애 요인으로 교사들은 원장이나 원감, 주임 등의 관리자가 가지고 있는 전통적 교육관이나 자율적인 교육과정 실행을 어렵게 만드는 유치원 · 어린이집 평가제도(이정화, 김지영, 2019) 등을 손꼽고 있다. 이 외에도 초등학교 준비를 위한 학습 지도를 요구하는 부모가 있을 때 교사의 구성주의 교육신념의 실행은 더욱 어려워 질 수 있다.

유아 · 놀이중심 교육과정에서 교사의 자율적 교육과정 구성 및 실행을 강조하면서 제시되는 것이 교사와 기관차원에서의 협력적 학습공동체 문화의 구축이다. 2019년 누리과정이 개정되고 2020년 3월부터 개정 누리과정이 실천되면서 기관 차원에서, 혹은 교사들 간 학습공동체를 만들고 유아들의 구체적인 흥미와 경험이 주축이 되어 만들어가는 교육과정을 실험해 보는 연구들(김미란, 2021; 김윤숙, 2020; 지옥정, 김경숙, 2021; 진다정, 2020)이 나오고 있는 점은 매우 고무적이라고 할 수 있다. 교사가 지속적으로 교실 상황과 자신의 교수 실제를 비판적으로 성찰하고 유아들과 함께 교육과정을 만들어 가는 실천을 하고,

기관의 문화와 구조적 지원(오문자, 2012)이 이를 뒷받침해 줄 때 유아 · 놀이중심 교육과정이나 구성주의 교육의 구현이 가능해 질 것이다.

놀이의 본질적 특성 중 자발성과 우연성은 교육의 의도성과 계획성과 같은 전통적인 특성과 상충하는 것처럼 보인다. 그러나 놀이에서 무엇보다 중요한 '즐거움'은 유아들의 놀이를 지속시키는 절대적인 역할을 한다. 이러한 점에서 자유분방하고 변화무쌍한 유아들의 놀이가 목적지향적인 의도적 교육과정과 만날 수 있는 실마리를 찾는 것은 유아 · 놀이중심 교육과정에서, 그리고 구성주의 교육의 실천을 위해서도 핵심적인 문제이다.

유아들의 놀이를 통한 배움의 경험이, 혹은 유아들의 주도적인 경험을 통한 지식 구성이 사회에서 인정될 수 있는 합리적인 지식의 체계에 얼마나 부합한 것인지, 즉 가치 있는 지식인지에 대해 우려하는 목소리도 있다. 그러나 교육이 궁극적으로 지향해야 할 것이 교과서의 지식을 그대로 암기하도록 하는 '죽은' 교육이 아니라 학습자가 스스로 사유할 수 있는 힘을 기름으로써 자신의 삶을 변화시킬 수 있는 살아있는 배움의 교육이 되어야 한다는 것을 감안할 때 구성주의 교육이 담고 있는 학습자의 주체적 역할과 의미 있는 삶의 맥락에서 이루어지는 배움의 경험은 여전히 유의미하다고 볼 수 있다.

구성주의 교육은 본 저서에서 살펴본 것처럼 교육에 대한 이론을 바탕으로 만들어진 것이 아니며 학습자의 학습과정과 학습이 이루어지는 맥락에 대한 이해를 돕는 역할을 한다. 그뿐만 아니라 구성주의 교육의 실천은 교육내용, 교수방법, 학습자에 대한 이해, 인식론 등을 토대로 통합적 행위이다(오문자, 2012). 따라서 어떤 정형화된 교육 실천의 방법이나 쉽게 따를 수 있는 명료하고 형식적인 공식이 있다고 생각하기 보다 학습자의 유의미한 학습 환경 제공과 학습에서 학습자의 주체적인 역할에 대한 존중을 통해 교사와 학습자가 함께 만들어 가는 실천적 교육의 성격을 지니고 있다고 보아야 한다.

이러한 점에서 변화와 생성, 다양성, 복잡성 등이 혼재하는 오늘날의 교육현장에서 살아 있는 구성주의 교육의 실천을 위해서는 생태학적인 관점으로 구성주의 교육을 바라볼 필요가 있다. 고립적이고 탈맥락적으로 교육을 바라보는 좁은 시야에서 벗어나 관계적 사고에 의해 전체적인 맥락 안에서 교육을 바라보는 것(곽영순, 2020), 그리고 유아의 심리를 존중하는 윤리적 책무와 끊임없는 비판적 성찰을 통해 유아들의 놀이가 살아나는 생기하는 교육과정을 만들어 가는 실험(experimentation)과 운동(movement)을 추구하는 태도가 중요하다고 하겠다.

참고문헌

참고문헌

강인애(1995). 인지적 구성주의와 사회적 구성주의에 대한 간략한 고찰. 교육공학연구, 11(2), 3-20.

강인애(1997a). 객관주의와 구성주의: 대립에서 대화로. 교육공학연구, 13(1), 3-19.

강인애(1997b). 왜 구성주의인가: 정보화시대와 학습자중심의 교육환경. 서울: 문음사.

김미란(2021). 유아 · 놀이중심 교육과정 실행을 위한 학습 공동체 참여 원장의 경험과 의미 탐색. 순천향대학교 대학원 박사학위논문.

곽영순(2016). 구성주의 인식론과 교수학습론. 경기도: 교육과학사.

곽향림(2008). 교실공동체를 지원하는 구성주의 교사의 위치. 유아교육연구, 28(4), 289-312.

곽향림(2015). 구성주의 유아교육 교수학습법. 경기도: 공동체.

곽향림 · 최성운(2016). 구성주의교사의 변화와 성장 들여다보기. 구성주의유아교육연구, 3(1), 25-53.

교육부 · 보건복지부(2019). 2019 개정 누리과정 해설서.

권귀염(2015). '흥미'에 대한 이해와 실천: 유아교사들의 오해와 혼란, 그리고 갈등. 유아교육연구, 35(2), 237-262.

김무길(2005). 구성주의와 듀이 지식론의 관련성: 재해석. 교육철학, 34, 23-43.

김무길(2008). 듀이의 흥미 개념 재이해와 그 교육적 함의. 교육철학, 42, 7-28.

김윤숙(2020). 어린이집 원장의 전문적 배움공동체 실행여정: 2019 개정 누리과정을 중심으로. 부산대학교 대학원 박사학위논문.

김은희(2004). 사회적 구성주의 패러다임 학습 공동체 실천을 통한 기관수준의 유아교육과정 변형에 관한 연구. 유아교육연구, 24(4), 161-198.

김지민(2010). 구성주의적 관점을 지닌 유아교사가 되는 것의 의미: 교사의 역할을 중심으로. 한국보육학회지, 10(1), 1-21.

김희연(2001). 구성주의와 유아교육: Piaget의 구성주의의 분석을 통한 구성주의 유아교육론의 개념적 확장. 유아교육연구, 21(4), 157-188.

류미향(2016). 니체의 '어린이의 정신'을 통해 본 놀이중심 유아교육의 방향 탐구. 유아교육연구, 36(3), 537-558.

류미향(2021). 유아 · 놀이중심 교육의 시대에 자율적 교사—되기를 위한 니체 철학의 함의. 교육혁신연구, 31(1), 59-83.

류미향 · 임부연(2010). Dewey의 '교과의 심리화'의 교실에서의 '구현'에 관한 탐구: 유아교육을 중심으로. 교육과정연구, 28(3), 147-166.

박수연 · 임부연(2021). 교육과정의 운동성 관점에서 살펴본 「2019 개정 누리과정」 이해. 교육혁신연구, 31(1), 301-333.

박현주(1998). 구성주의 관점에서 교수-학습의 재개념화. 교육과정연구, 16(2), 277-295.

소경희 · 최유리(2018). 학교 중심 교육 개혁 맥락에서 교사의 실천 이해: '교사 행위주체성' 개념을 중심으로. 교육과정연구, 36(1), 91-112.

송민규 · 강선보(2018). 구성주의 교육에 대한 철학적 비판. 한국교육학연구, 24(4), 1-28.

양미경(2002). 교육과정의 성격에 대한 구성주의 관점의 시사. 교육과정연구, 20(1), 1-26.

양은주(2003). 듀이의 흥미 개념과 학생중심 교육과정. 교육과정연구, 21(1), 179-202.

오경희 · 임부연(2019). 교육놀이욕망과 놀이중심 유아교육과정에 관한 소고: 들뢰즈와 가타리의 욕망이론적 접근에서. 수산해양교육연구, 31(6), 1752-1764.

오문자(2012). 사회적 구성주의 교육과정의 공통적 특성 탐구 및 실행 분석. 어린이교육비평, 2(2), 5-36.

유경숙(2005). 구성주의와 유아교과교육 지도원리: 유아과학교육을 중심으로. 아동교육, 14(2), 301-315.

유재경 · 황지영 · 박은미(2020). 2019 개정 누리과정을 반영한 유아교사 핵심역량 모델 개발. 유아교육 · 보육복지연구, 24(1), 93-124.

이경화(2019). 「2019 개정 누리과정」의 성격과 그 실천을 위한 유아교사의 역량 탐색. 어린이교육비평, 9(2), 7-33.

이돈희(2020). 질성적 사고와 교육적 경험. 서울: 학지사.

이명숙(1998). 구성주의의 심리학적 근저. 김종문, 강인애, 권성기, 남승인, 송언근, 이명숙, 이원희, 이종일, 조영남, 조용기, 최신일, 최창우, 홍기칠(편), 구성주의교육학(pp. 35-61). 서울: 교육과학사.

이원미 · 권연희(2020). FGI 분석을 통한 유아교사의 놀이중심교육과정 실행 역량 탐색. 한국보육지원학회지, 16(4), 93-110.

이정화 · 김지영(2019). 구성주의 유아교육실제 구현의 장애요인들: 구성주의 교육신념을 가진 유아교사의 지각을 중심으로. 아동교육, 28(1), 59-72.

이종원(1998). 급진적 구성주의. 김종문, 강인애, 권성기, 남승인, 송언근, 이명숙, 이원희, 이종일, 조영남, 조용기, 최신일, 최창우, 홍기칠(편), 구성주의교육학(pp. 65-75). 서울: 교육과학사.

이종일(1998). 사회적 구성주의. 김종문, 강인애, 권성기, 남승인, 송언근, 이명숙, 이원희, 이종일, 조영남, 조용기, 최신일, 최창우, 홍기칠(편), 구성주의교육학(pp. 77-103). 서울: 교육과학사.

임부연 · 정낙림 · 조상식 · 정광순 · 곽영순(2020). 미래학교를 위한 놀이와 교육, 167-204. 서울: 교육과학사.

임부연 외(2020). 유아 · 놀이중심 유아교육과정. 파주: 공동체.

정석환 · 정성수(2015). 구성주의 지식론의 교육적 재개념화: 한국의 교육현상을 중심으로. 교육철학, 56, 361-389.

조영남(1998). 구성주의 교수-학습. 김종문, 송언근, 이명숙, 이원희, 이종일, 조영남, 조용기, 최신일, 최창우, 홍기칠(편), 구성주의교육학(pp. 151-1800). 서울: 교육과학사.

조용기(1998). 구성주의 교육의 구성. 김종문, 강인애, 권성기, 남승인, 송언근, 이명숙, 이원희, 이종일, 조영남, 조용기, 최신일, 최창우, 홍기칠(편), 구성주의교육학(pp. 133-150). 서울: 교육과학사.

조용환(2014). 차라투스트라는 이렇게 수업했다: 교육인류학의 눈으로. 교육인류학연구, 17(4), 35-74.

지옥정 · 김경숙(2021). 유아교육기관장의 학습공동체 참여 경험의 의미. 한국유아교육연구, 23(3), 116-141.

진다정(2020). 원내 교사학습공동체 운영을 통한 놀이중심 교육의 이해와 실천. 이화여자대학교 대학원 박사학위논문.

최신일(1998). 해석학과 구성주의. 김종문, 강인애, 권성기, 남승인, 송언근, 이명숙, 이원희, 이종일, 조영남, 조용기, 최신일, 최창우, 홍기칠(편), 구성주의교육학(pp. 13-34). 서울: 교육과학사.

추병완(2000). 구성주의의 교육적 함의. 교육과정평가연구, 3(1), 1-14.

한솔어린이보육재단(2018). 기록작업을 통해 다시 만난 어린이. 서울: 어가.

허정민 · 이진희(2019). 유아교육활동에서 드러나는 교사들의 '흥미' 개념에 대한 고찰. 열린유아교육연구, 24(1), 315-342.

Branscombe, N. A., Burcham, J. G., Castle, K., Surbeck. E., & Dorsey, A. G.(2005). 구성주의 유아교육과정 *[Early childhood curriculum: A constructivist perspective]* (강현석 외 공역). 서울: 시그마프레스(원저 2003년 출간).

Dahlberg, G., Moss, P., & Pence, A.(1999). *Beyond quality in early childhood education and care: Postmodern perspective*. London: Routelege Falmer.

Davies, S.(2017). 어린이에게 귀기울이기: '이기'와 '되기' *[Listening to children: Being and becoming]* (변윤희, 유혜령, 윤은주, 이경화, 이연선, 임부연 공역). 서울: 창지사(원저 2014년 출간).

Davis, B., Sumara, D., & Luce-Kapler, R.(2017). 마음과 학습: 교육학의 복잡계적 접근 *[Engaging minds: Changing teaching in complex times]* (한승희, 양은아 공역). 서울: 교육과학사(원저 2008년 출간).

Derry, S. J.(1996). Cognitive schema theory in the constructivist debate. *Educational Psychologist, 31*(3/4), 163-174.

Devries, R., & Zan, B.(1994). *Moral classrooms, moral children: Creating a constructivist atmosphere in early education*. New York: Teachers College Press.

Devries, R., Zan, B., Hildebrandt, C., Edmiaston, R., & Sales, C.(2007). 구성주의 유아교육교수법 *[Developing constructivisdt early childhood curriculum: Practical principles and activities]* (곽향림, 허미화, 김선영 공역). 서울: 창지사(원저 2002년 출간).

Dewey, J.(1964). The child and the curriculum. In R. D. Archambault(Ed.), *John Dewey on education: Selected writings*(pp. 339-358). New York: A Modern Library Book.

Dewey, J.(2010). 흥미와 노력: 그 교육적 의의 *[Interest and effort in education]* (조용기 역). 대구: 교우사(원저 1913년 출간).

Dewey, J.(2016). 경험으로서 예술 *[Art as experience]* (박철홍 역). 서울: 나남(원저 1934년 출간).

Driscoll, M. P.(2006). 수업설계를 위한 학습심리학 *[Psychology of learning for instruction]* (양용칠 역). 서울: 교육과학사.

Duffy, T. C., & Cunningham, D. J.(1997). Constructivism: Implication for the design and delivery of instruction, In D. H. Jonassen(Ed.), *[Handbook of research for educational communications and technology]*. New York: MacMillan.

Fosnot, C. T.(2001). 구성주의 이론, 관점, 그리고 실제 *[Constructivism: Theory, perspectives, and practice]* (조부경, 김효남, 백성혜, 김정준 공역). 파주: 양서원.

Gergen, K. J.(1985). The social constructionist movement in modern psychology. *American Psychologist*, *40*(3), 266-275.

Leslie, S.(1993). *Necessary knowledge: Piagetian perspectives on constructivism*. Hillsdale, NJ: Lawrence Erlbaum Associates.

Nietzsche, F. W. (2018). 권력의지 *[Der wille zur macht]* (김세영, 정명진 공역). 서울: 부글북스(원저 1906년 출간).

Philips, D. C.(1995). The good, the bad, the ugly: The many faces of constructivism. *Educational Researcher*, *24*(7), 5-12.

Piaget, J.(1970). *Psychology and epistemology*. New York: Viking Press.

Piaget, J.(1995). *Sociological studies*. New York: Routledge.

Rinaldi, C.(2012). Projected curriculum constructed through documentation-progettazione: An interview with Lella Gandini, In C. Edwards, L., Gandini, & G. Forman(Eds.), 레지오에밀리아의 유아교육 *[The Hundred Languages of Children: Advanced Reflections]* (김희진, 오문자 공역). 파주: 정민사(원저 1998년 출간).

Rogoff, B.(1990). *Apprenticeship in thinking: Cognitive development in social context.* Oxford: Oxford University Press.

Tobias, S., & Duffy, T. M.(2014). 구성주의 수업: 성공인가 아니면 실패인가? *[Constructivist instruction: Success or failure?]* (방선욱 역). 서울: 박영 story(원저 2010년 출간).

von Glasersfeld, E.(1980). Adaptation and viability. *American Psychologist, 35*, 970-974.

von Glasersfeld, E.(1999). 급진적 구성주의: 앎과 학습의 길 *[Radical constructivism: A way of knowing and learning]* (김판수 외 공역). 서울: 원미사(원저 1995년 출간).

Vrasidas, C.(2000). Constructivism versus objectivism: Implications for interaction, course design, and evaluation in distance education. *International Journal of Educational Telecommunications, 6*(4), 339-362.

Vygotsky, L. V.(1978). *Mind in society: The development of higher psychological processes.* Cambridge, MA: Harvard University Press.

Vygotsky, L. V.(1986). *Thought and language.* Cambridge, MA: MIT Press.

Wertsch, J. V.(1985). *Vygotsky and the social formation of mind.* Cambridge, MA: Harvard University Press.

구성주의유아교육학회 생각과 나눔 시리즈 **01**

구성주의 유아교육 새롭게 보기 1:

구성주의 교육이론의 이해와 실천

초 판 1쇄 인쇄 2022년 5월 25일
초 판 1쇄 발행 2022년 5월 27일

기 획 | 구성주의유아교육학회
지 은 이 | 류미향
펴 낸 이 | 김기섭
편 집 인 | 이상희
펴 낸 곳 | **창지사** www.changjisa.com
08589 서울시 금천구 가산디지털 1로 83 파트너스타워 1차 9층
전화 (02)719-2211~3
팩스 (02)701-9386
등 록 | 1977년 4월 28일 · 제1-421호

ISBN 978-89-426-1532-2 (93370)

값 10,000원